Birgit Morgenrath
Gottfried Wellmer

Deutsches Kapital am Kap

Kollaboration mit dem Apartheidregime

Edition Nautilus

Editorische Notiz: Die Veröffentlichung des vorliegenden Buches wurde gefördert vom Evangelischen Entwicklungsdienst (EED) durch den ABP, die Kirchliche Arbeitsstelle Südliches Afrika und durch medico international e.V.
Umschlaggestaltung: Maja Bechert

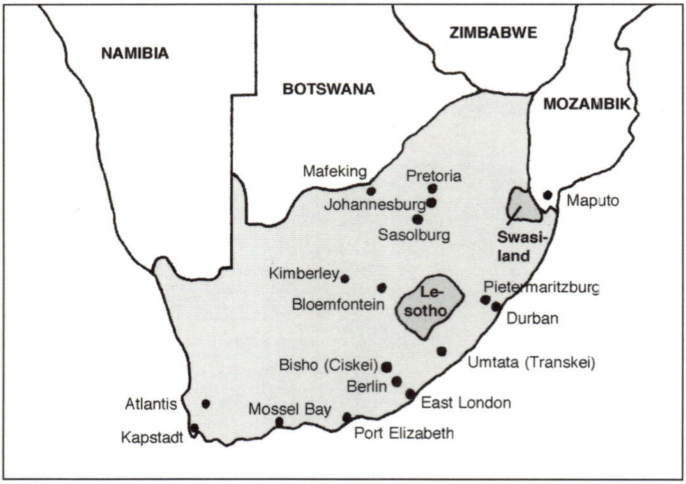

Edition Nautilus Verlag Lutz Schulenburg
Alte Holstenstraße 22 · D-21031 Hamburg

1. Auflage 2003 · Printed in Germany
www.edition-nautilus.de

1 2 3 4 5 · 06 05 04 03

ISBN 3-89401-419-9

Vorwort

> „Sie sagten: Geschäft ist Geschäft. Redet mit uns nicht über Moral. Sie hätten wohl auch Geschäfte mit dem Teufel gemacht. Alle Unternehmen, die mit dem Apartheidregime Geschäfte gemacht haben, müssen wissen, dass sie in der Schusslinie stehen. Sie müssen zahlen, sie können sich das leisten. Und sie sollten es mit Würde tun."
>
> *Erzbischof Desmond Tutu, Juli 2002*

Seit bald zehn Jahren ist Südafrika von der Apartheid befreit; seit bald zehn Jahren regiert eine demokratisch gewählte Regierung. Dennoch leidet ein großer Teil der zuvor benachteiligten Bevölkerung weiterhin unter dem Erbe des rassistischen Regimes, unter Armut und Arbeitslosigkeit. Die Regierung gibt an, dass ihr heute die Mittel fehlen, um das extreme soziale Gefälle zwischen Arm und Reich auszugleichen. Angesichts dieser Lage fordern rund 30.000 Apartheidopfer, die sich 1995 in der Khulumani Support Group zusammen geschlossen haben, Entschädigung für das ihnen zugefügte Leid. Zusammen mit der Entschuldungskampagne Jubilee South Africa fordern sie überdies den Erlass der Schulden, die das alte Regime zu verantworten hat.

Eine Internationale Kampagne mit Gruppen in den USA, den Niederlanden, Großbritannien, der Schweiz und in Deutschland unterstützen die südafrikanische Initiative. Sie wissen, dass US-amerikanische und europäische Banken, Industrieunternehmen, Handelshäuser und Versicherungen aus Europa am verbrecherischen Regime der Apartheid mitverdient haben. Deutsche Unternehmen haben Nutzen und Profit gezogen aus Zwangsarbeit und Hungerlöhnen, aus Zwangsumsiedelung und Kontrolle der schwarzen Arbeitskräfte, aus Geschäften mit einem gigantischen Repressionsapparat, der Schwarze allein aufgrund ihrer Hautfarbe über 40 Jahre lang erniedrigt, unterdrückt und drangsaliert hat. Seit Beginn der internationalen Proteste gegen die Apartheid Anfang der 70er Jahre haben Gruppen und Einzelpersonen in der Bundesrepublik aus den Reihen der Anti-Apartheid-Bewegung, der Kirchen und kritischer Gewerkschafter immer wieder Daten und Fakten recherchiert und gesammelt, die die Beteiligung deutscher Unternehmen nachgewiesen haben. Sie haben Arbeiter in den südafrikanischen Niederlassungen etwa von Mercedes-Benz und VW befragt, Geschäftsberichte zum Beispiel von Bayer und Hoechst studiert und Informationen aus Presse, Fachzeitschriften und Fachkreisen über Rüstungsgüter und -exporte zusammengetragen. Deutsche Aktivisten und Aktivistinnen haben den Früchte-, Sport- und Kulturboykott in der Bundesrepublik propagiert, Banken-Boykotte organisiert und Hauptversammlungen mit ihren kritischen Fragen aufgestört. Sie haben auf evangelischen Kirchentagen für die Kündigung der kirchlichen Konten bei der Deutschen Bank gekämpft und sind gerichtlich gegen die Bundesregierung zu Felde gezogen, als es um die militärisch-nukleare Zusammenarbeit der Bundesrepublik mit Apartheid-Südafrika ging.

Bislang sind die Wirtschaftsunternehmen ungeschoren davon gekommen. Mit der neuen demokratischen Ära schien die Vergangenheit begraben. Die von den Apartheidopfern im November 2002 eingereichte Entschädigungsklage gegen 22 internationale Konzerne, darunter auch die fünf deutschen Unternehmen Deutsche Bank, Dresdner Bank, Commerzbank, DaimlerChrysler und Rheinmetall, hat die Mittäterschaft der Herren in Nadelstreifen wieder ins Rampenlicht gerückt. Die Opfer wollen die Mittäter zur Verantwortung ziehen. Dieses Buch zeichnet die Geschichte der Kollaboration deutscher Unternehmen mit einem Regime nach, das international geächtet und in zahlreichen UN-Resolutionen verurteilt worden war. Eine breite Öffentlichkeit erhält so in komprimierter Form Einblick in das Geschäftsgebaren von Konzernen und auch mittleren Unternehmen, die sich bis heute nicht für die Menschenrechtsverletzungen in Südafrika verantwortlich fühlen. Darum weist diese Geschichte über die Historie eines einzelnen Landes hinaus: In Zeiten zunehmender globaler Konkurrenz agieren multinationale Konglomerate unkontrollierter denn je zuvor. Menschenrechte, Gewerkschaftsrechte, menschenwürdige Arbeitsbedingungen, gerechte Löhne, soziale und ökologische Standards geraten allenthalben unter Druck. Insofern ermutigt das Buch auch dazu, nicht nachzulassen in dem Bemühen, den Kampf Davids gegen Goliath aufzunehmen und die Aktivitäten auch mächtiger Global Players kritisch zu beobachten und zu begleiten.

Die internationale Kampagne für Entschuldung und Entschädigung braucht weiterhin breite Unterstützung. Es ist zu hoffen, dass dieses Buch dazu beitragen wird.

Theo Kneifel,
Kirchliche Arbeitsstelle Südliches Afrika
Dorothea Kerschgens,
Koordination Südliches Afrika
Mai 2003

Einleitung

Im Zeitalter der Globalisierung haben sich die großen Konzerne um eine weitere Stufe international vernetzt und mit diesem Prozess geht eine gewaltige Umverteilung gesellschaftlicher Macht einher. Früher wurden gesellschaftliche Konflikte im Rahmen des nationalen (Wohlfahrts-)Staates ausgetragen und geregelt. Heute beugt sich der Staat mehr und mehr dem Druck des globalen Wettbewerbs um Investoren und neue Technologien. Die nationalen Industriestandorte konkurrieren untereinander; die Regierungen streichen die Sozialhaushalte zusammen und erlassen Steuergesetze zum Vorteil der Kapitalverwertung. Die Folge sind verminderte Steueraufkommen, der Abbau von öffentlichen Dienstleistungen und ihre Privatisierung, die Deregulierung des Arbeitsrechtes und die Liberalisierung des Handels. Weltweit wirken sich diese Prozesse ähnlich aus, wenn auch in unterschiedlichem Maße: zunehmende Arbeitslosigkeit, soziale Polarisierung, Verschuldung der öffentlichen Hände, Insolvenz von Städten und Kommunen.

Die Angst geht um: Junge Menschen sorgen sich um Zugang zu Ausbildung, um Arbeitsplätze und Karrierechancen; Ältere fürchten das Gespenst der Altersarmut. Auch der Nord-Süd-Konflikt spitzt sich zu. Nach Angaben der United Nations Conference on Trade and Development, UNCTAD, hat sich das durchschnittliche Einkommen pro Kopf in den sieben reichsten Ländern der Erde gegenüber dem in den ärmsten Ländern in den letzten 30 Jahren fast verdoppelt. Die 20:80-Weltgesellschaft rückt näher. Die Elite, die reichsten 20 Prozent der Weltbevölkerung, ist in die Weltökonomie integriert, die mittleren 60 Prozent haben zwar Arbeit, gelten aber als Rationalisierungsreserve, die unterste Schicht wird stillgehalten oder ausgegrenzt.

Auch das von rassistischen Gesetzen befreite Südafrika kämpft mit sozialen Problemen. Die Rate der Arbeitslosigkeit wird auf 40 Prozent geschätzt; Farmarbeiter und Haushaltshilfen verdienen Löhne unterhalb der Armutsgrenze. In Südafrika entfallen auf die Elite (das reichste Fünftel der Bevölkerung) knapp 65 Prozent des national verfügbaren Einkommens, das ärmste Fünftel der Bevölkerung muss sich mit 2,9 Prozent begnügen.

Der Wirtschafts-Nobelpreisträger Amartya Sen weist seit Jahren darauf hin, dass ein geringes Einkommen zwar wesentlich zur Definition von Armut gehört, dass dies aber nicht hinreichend ist. Für Sen ist Armut ein Mangel an Verwirklichungschancen. Eine Gesellschaft, die das Leben ihrer Bürgerinnen und Bürger verbessern will, muss sieben grundlegende Freiheiten garantieren, mit deren Hilfe sie sich aus Armut befreien können:

die Freiheit von Diskriminierung (etwa auf Grund von Geschlecht, Rasse, ethnischer Gruppe, Staatsangehörigkeit oder Religion);

die Freiheit von Not – und die Möglichkeit einen angemessenen Lebensstandard zu erreichen;

die Freiheit zur eigenen, persönlichen Entfaltung und Verwirklichung – z.B. die freie Wahl der Ausbildung, der Arbeit und des Arbeitsortes sowie Freizügigkeit;

die Freiheit von Furcht – und der Schutz vor Bedrohung der persönlichen Sicherheit, vor Folter, politischer Verfolgung, willkürlicher Verhaftung, Zwangsarbeit und Zwangsumsiedlung;

die Freiheit von Ungerechtigkeit und Verletzungen der Rechtstaatlichkeit;

die Freiheit der Mitbestimmung, der Meinungsäußerung und Bildung von Interessenverbänden;

die Freiheit, eine angemessene Arbeit auszuüben.

Diese Freiheiten haben laut Sen einen Wert an sich. Sie sind die Grundvoraussetzung und die wesentlichen Instrumente menschlicher Entwicklung.[1]

Das Apartheidregime (Mai 1948–April 1994) hat diese Freiheiten der Bevölkerungsmehrheit Südafrikas systematisch vorenthalten und friedliche Proteste dagegen gewaltsam unterdrückt. Aus diesem Grund hat die Völkergemeinschaft seit 1966 Apartheid immer wieder als Verbrechen an der Menschheit verurteilt. Die neue demokratische Regierung hat die dadurch geschaffenen ungerechten Gesellschaftsstrukturen nicht korrigiert, sondern unter dem zweiten Präsidenten Thabo Mbeki seit 1996 mit einer neoliberalen Wirtschaftspolitik noch weiter verschärft. Die Staatslenker haben sich – wie andere weltweit – den angeblich unausweichlichen Zwängen der reinen Marktlogik weitgehend unterworfen. Aber Marktprozesse sind ohne politische Regulierung blind für Fragen der sozialen Gerechtigkeit. Die daraus entstehenden sozialen Konflikte sind zunächst lokal; aber die Armen und Elenden begehren auf; sie haben sich mehr und mehr weltweit vernetzt. So gewinnen lokale Konflikte auch international politische Bedeutung. Die Bewegung für eine alternative Globalisierung ist gewachsen. „Eine andere Welt ist möglich!" lautet zum Beispiel der Ruf einer Allianz aus Gewerkschaften, sozialen Bewegungen und Nicht-Regierungsorganisationen. Sie fordert unter anderem, dass Menschenrechte, einschließlich der grundlegenden Arbeiterrechte, des Umweltschutzes und der Ernährungssicherheit Vorrang erhalten müssen vor den von den Multis angestrebten internationalen Handels- und Investitionsregeln.

Transnationale Konzerne, TNC, und ihr Verhältnis zu den Menschenrechten geraten dadurch zunehmend in den Focus der kritischen Weltöffentlichkeit. Bisher sind nur Nationalstaaten oder einzelne Menschen an die Beachtung der Menschenrechte gebunden. Transnationale Konzerne sind es nicht. Das könnte sich ändern, wie jüngste Klagen gegen TNC zeigen. Ein US-amerikanisches Gesetz, das der erste Kongress 1789 verabschiedet hat, The Alien Tort Claims Act (ATCA) bevollmächtigt US-amerikanische Bundesgerichte, über Schadensersatzansprüche von Nicht-Bürgern/Fremden zu entscheiden – wenn das Völkerrecht oder ein Vertrag der USA verletzt wurden. In jüngster Zeit haben Menschenrechtsgruppen dieses Gesetz öfter herangezogen, um transnationale Konzerne wegen der Verletzung des Völkerrechts in souveränen Staaten außerhalb der USA anzuklagen. Anhängig ist etwa eine Klage der Familie Ken Saro-Wiwas gegen den Shell-Konzern. Der nigerianische Schriftsteller, Umwelt- und Menschenrechtler hatte den friedlichen Widerstand des Ogoni-Volkes gegen die fortschreitende Umweltzerstörung durch Shell im Niger-Delta angeführt. Das damalige nigerianische Militärregime hatte ihn dafür 1995 hinrichten lassen.

Ebenso haben Flüchtlinge aus Myanmar (früher Burma) den US-amerikanischen Ölgiganten Unocal angeklagt, für Menschenrechtsverletzungen burmesischer Soldaten gegenüber der

Zivilbevölkerung verantwortlich zu sein. In diesem Fall hat ein kalifornisches Berufungsgericht in zweiter Instanz die Klage im September 2002 zugelassen und festgestellt, dass Unocal vom Machtmissbrauch der Militärs gewusst habe; dass die von den Militärs durchgesetzte Zwangsarbeit beim Bau einer Unocal-Gasleitung die moderne Form von Sklaverei sei und dass die Firma den Militärs praktische Unterstützung bei Mord und Vergewaltigung gegenüber den Klägern angeboten und vollzogen habe. Der Bescheid des Berufungsgerichts ist ein Signal an andere Global Players, die Geschäfte mit Diktaturen machen: Wenn sie den Machtmissbrauch ihrer (staatlichen) Geschäftspartner wissentlich unterstützen, drohen gerichtliche Verfolgung und hohe Zahlungen von Schadensersatz.

Auch in Südafrika haben sich Apartheidopfer darauf besonnen, die Helfershelfer aus der Wirtschaft zur Verantwortung zu ziehen. Denn vor der per Gesetz eingerichteten Wahrheits- und Versöhnungskommission Südafrikas, TRC, hatten sich die Unternehmen nicht zu ihrer Mittäterschaft bekannt. Die TRC konnte Tätern, die im Namen und im Auftrag des Regimes schwere Menschenrechtsverbrechen begangen hatten, Amnestie gewähren, und zwar unter der Bedingung, dass sie vollständig und rückhaltlos aussagten. Die Opfer konnten einmal amnestierte Täter nicht weiter zivilrechtlich belangen und verloren so auch das Recht, eine Wiedergutmachung einzuklagen. Die TRC hatte befunden: Die Legitimität dieses Vorgehens – Rechtsverlust für die Opfer und Straffreiheit für die Verbrecher – könne international nur akzeptiert werden, wenn der Staat die Opfer „angemessen" entschädigt. „Making good the injuries" sei eine unausweichliche moralische Verpflichtung des Staates, so die Kommission. Eine Amnestie für die Verbrecher ohne ein effektives Programm zu Reparationen und Rehabilitation für die Opfer wäre ein schweres Unrecht. Aber was ist „angemessen"? Und ist nur der Staat zuständig für Entschädigungsleistungen? Oder sollten auch private Konzerne Reparationen leisten, weil sie etwa direkt an der Formulierung von rassistischen Gesetzen und Praktiken beteiligt waren, oder weil sie dem Apartheidregime die Technologie, die Waffen und die Finanzen an die Hand gaben, um die Politik der Rassendiskriminierung gewaltsam zu realisieren? Die TRC machte einige Vorschläge für staatliche Entschädigung und wie die Privatwirtschaft sich daran beteiligen könnte. Die südafrikanische Regierung ließ sich mit ihrer Antwort vier Jahre Zeit. In dieser Zeit strengten betroffene Bürger und Bürgerinnen ihre Entschädigungs-Klage gegen ausländische Konzerne vor einem US-amerikanischen Gericht an.

Kläger sind 91 südafrikanische Opfer schwerer Menschenrechtsverletzungen der Apartheid, sowie die Khulumani Support Group, eine Selbsthilfeorganisation, die 32.000 Apartheidopfer vertritt. Sie alle verstehen sich als Partner internationaler Bewegungen für soziale Gerechtigkeit. Die Anklageschrift gegen die 22 internationalen Konzerne argumentiert mit dem Rechtsprinzip der Secondary Liability, der sekundären Mitverantwortung, das durch die Nürnberger Prozesse in der internationalen Rechtsprechung etabliert wurde. Danach tragen auch die Helfershelfer der Täter eine indirekte Verantwortung für die begangenen Verbrechen. So waren die 22 beklagten internationalen Firmen durch die Erklärungen und Abkommen der Vereinten Nationen bestens über den verbrecherischen Charakter des Apartheidregimes informiert; dennoch unterstützten sie strategische Bereiche des Unterdrückungsapparats der Apartheid.

Die südafrikanische Regierung verweigert der Khulumani-Gruppe die politische Unterstützung für ihre Klage. Die Regierung wünscht, dass sich die Konzerne freiwillig dabei engagieren, den Rassismus zu überwinden, die Armut zu bekämpfen und soziale Gerechtigkeit herzustellen. Seit nun schon neun Jahren träumt die Regierung von einem solchen moralischen Verhalten der Unternehmen. Aber Konzerne träumen nicht – heute nicht und damals nicht. In den ersten Jahrzehnten nach dem Zweiten Weltkrieg galt das Land am *Kap der guten Hoffnung* als sehr attraktiver Anlageplatz. Die südafrikanische Wirtschaft zeigte starke Wachstumsraten, sie war reich an strategisch wichtigen Mineralien und führte massenhaft Maschinen und Technologie ein. Ihre verarbeitende Industrie konnte Profitraten vorweisen, die in Europa auch in den „goldenen Sechzigern“ nie erreicht wurden. 1955 waren es vierzig Prozent am Kap gegenüber 24 Prozent im kontinentalen Europa. Südafrika leistete sich Anfang der 50er Jahre die industrielle Erschließung einer bis dahin rein landwirtschaftlichen Provinz, des Oranje-Freistaats, im Zentrum des Landes; im Nordwesten wuchsen ein Dutzend Gold- und Uranbergwerke aus dem Boden. Neue Kohlekraftwerke lieferten die Energie für den Bergbau und die Eisenbahn. Ganze Städte wurden für Zehntausende Industriearbeiter aus der Steppe gestampft. Das Ausland bot Südafrika die Hälfte des benötigten Investitionskapitals und die Technologie, um das von den USA heiß begehrte Uranoxyd zu produzieren.

Apartheid-Südafrika nutzte den kalten Krieg als Deckmantel für die Unterdrückung politischer Oppositionsgruppen und die Kontrolle rechtloser schwarzer Arbeiter. Das blieb hierzulande weitgehend unbeachtet. Im März 1960 zum Beispiel demonstrierten die Schwarzen wieder einmal für Freizügigkeit und die freie Wahl des Arbeitsplatzes und Wohnortes. Im Städtchen Sharpeville feuerte die Polizei in die friedlich protestierende Menge. Sie tötete 69 Menschen und verletzte 186 Demonstranten. Nur zwei Jahre nach dem Massaker von Sharpeville gewährte die Deutsche Bank der südafrikanischen Regierung ein Darlehen von 40 Millionen Mark. Im Laufe der 60er Jahre wurde dieses Darlehen vier Mal neu aufgelegt. Die Banken übernahmen eine Schlüsselrolle bei der Vermittlung von deutschen Waren- und Kapital-Exporten in den Apartheidstaat. Der südafrikanische Premier P.W. Botha verlieh 1979 Hermann Josef Abs von der Deutschen Bank einen der höchsten Verdienstorden des Apartheidstaates – mit Zustimmung der deutschen Bundesregierung.

1960 betrugen die deutschen Warenexporte nach Südafrika knapp 648 Millionen Mark. Ihr Wert stieg ungeachtet der nach der Ölkrise einsetzenden Strukturkrise der südafrikanischen Wirtschaft bis 1984 auf 6,7 Milliarden Mark. Auch als Südafrika seine Schulden nicht mehr bedienen konnte und als das Apartheidregime mit weltweiten Sanktionen belegt wurde, blieben die deutschen Exportgeschäfte mit Südafrika auf hohem Niveau. Während dieser sieben Jahre internationaler Wirtschaftssanktionen (1986–1993) trug der Saldo des Warenhandels den deutschen Exporteuren (und der deutschen Zahlungsbilanz) im Schnitt ein jährliches Plus von 2,3 Milliarden Mark ein.

Um weitere Marktanteile zu gewinnen, setzten die deutschen Exportproduzenten zunächst auch auf Direktinvestitionen. 1960 betrugen diese noch bescheidene 80 Millionen Mark. Zwischen 1965 und 1977 wuchsen diese Investitionen im jährlichen

Schnitt dann um 17 bis 18 Prozent. Danach verlagerte sich das Interesse der Investoren deutlich auf indirekte Investitionen wie Darlehen, Kredite und Wertpapiere. Aber selbst während der Sanktionsjahre steigerten sich auch die deutschen Direktinvestitionen netto um über eine Milliarde Mark, während der Rest der Welt sein Kapital aus dem krisengeschüttelten Apartheidstaat herausschaffte. Deutsche Kapitalgüter und ganze Industrieanlagen gingen vor allem an die staatlichen Konzerne. Bei starker Konkurrenz um ausgeschriebene Großaufträge war es günstig, „joint ventures" mit dem Staatskonzern Industrial Development Corporation, IDC, einzugehen und darüber hinaus gute Beziehungen zur herrschenden Regierungspartei zu pflegen. Diese Strategie verfolgten einige deutsche Konzerne wie etwa Siemens, Linde, DaimlerChrysler. Siemens konnte sich mit dieser Strategie 25 Jahre lang eine oligopolistische Position bei der Belieferung der südafrikanischen Post und Telekommunikation erobern. Linde avancierte so zu einem der Großlieferanten des staatlichen Benzin- und Chemiekonzerns SASOL, während sich DaimlerChrysler in den 80er Jahren die Marktführung bei Lastwagenmotoren verschaffte.

Die weißen Herren in Pretoria gewährten Investoren in Südafrika eine Reihe von Vergünstigungen, wenn sie zum Beispiel ihre Fabriken nahe der Homelands oder in diesen Reservaten billiger Arbeitskräfte bauten. Der Staat bot günstige Darlehen an; Strom und Eisenbahnfrachten wurden mit erheblichem Preisabschlag angeboten, die Löhne schwarzer Arbeiter waren noch niedriger als im Rest des „weißen" Südafrika. Hohe Schutzzölle kompensierten für den relativ begrenzten Markt, den Südafrika zu bieten hatte. Auch die Bundesrepublik Deutschland schuf günstige Rahmenbedingungen für deutsche Investitionen in Südafrika, wie etwa das 1974 ratifizierte Abkommen zur Vermeidung von Doppelbesteuerung, das rückwirkend ab 1965 Gültigkeit erhielt, oder die Exportkredite der von ihr beauftragten Hermes Kredit Versicherung. Auch schloss die Bundesrepublik Deutschland zwei Jahre nach dem Massaker von Sharpeville ein Kulturabkommen (1962–1977) mit dem Apartheidstaat.

Investoren und Politiker benutzten zynischerweise die garantierte Super-Ausbeutung der schwarzen, völlig rechtlosen Arbeitskräfte, um die fortgesetzten Geschäftsbeziehungen zu legitimieren. So sollte etwa der EU-Verhaltenskodex für europäische Unternehmen angeblich die Arbeits- und Lebensbedingungen der schwarzen Arbeiter langfristig verbessern helfen. Aber die hier berichteten Erfahrungen schwarzer Arbeiter in deutschen Tochterunternehmen in Südafrika sprechen von Gift am Arbeitsplatz (Bayer), nächtlichen Jagden der weißen Sicherheitskräfte auf politisch engagierte Mercedes-Arbeiter oder von der Entlassung kritischer Betriebsräte bei Hoechst. Jahrzehntelang haben südafrikanische Oppositionelle immer wieder betont: Nur das Ende der Apartheid und die Anerkennung grundlegender Freiheiten und Rechte aller Bürger würden die Lebensverhältnisse verbessern. Ausländisches Kapital und technisches Herrschaftswissen trugen zur Konsolidierung und Modernisierung des Kontroll- und Unterdrückungsapparates des Apartheidregimes bei. Diese Tatsache fällt ungleich schwerer ins Gewicht als die geringen Vorteile, die einigen Tausend Schwarzen aufgrund ihrer Arbeitsplätze in ausländischen Tochterunternehmen hatten. Ausländische Darlehen an die Zentralregierung festigten den Gesamthaushalt und stabilisierten so nicht nur das Regime, sondern auch die allgemeine Wirtschaftslage. Großkredite halfen dem südafrikanischen Regime bei der Lösung akuter wirtschaftlicher und finanzieller Probleme. Und sie finanzierten direkt die stetige Aufrüstung des Militär- und Polizeiapparates. Spätestens ab 1986 zog neben der Polizei auch die Armee in die schwarzen Vororte ein.

Das weiße Minderheitsregime bereitete sich schon früh auf mögliche Wirtschaftssanktionen des Auslands vor. Es verfolgte eine Politik der raschen industriellen Entwicklung in strategischen Bereichen wie etwa der Energieversorgung mit dem Ziel, weitgehend autark zu werden. Dazu zentralisierte das Regime die Wirtschaft in Staatskonzernen. Ein Darlehen an einen dieser Konzerne diente daher nicht nur der Finanzierung einer öffentlichen Dienstleistung (zum Beispiel der Lieferung von Strom durch ESCOM oder von Benzin durch SASOL), sondern war in jedem Fall ein Darlehen an eine ausführende Behörde der Apartheidregierung, die in der Regel auch die Garantien übernahm. Das bestätigte ausdrücklich ein ESCOM-Manager vor der Wahrheits- und Versöhnungskommission Südafrikas am 11. November 1997: „Es ist wahr, dass ESCOM effektiv als

Institution der Apartheid operierte und dabei hauptsächlich weißen Interessen gedient hat."[2]

Deutschland stand bis 1980 an zweiter Stelle der Gläubiger der Apartheid; danach schob es sich auf den ersten Platz. Je stärker die finanziellen Forderungen der ausländischen Gläubigerbanken stiegen, desto stärker wuchs auch ihr Interesse am Erfolg des Schuldners Südafrika und der Zwang, weitere Investitionen zu tätigen, um die bisherigen abzusichern. Die Banken machten sich zu Helfershelfern des Schuldners und seines Apartheid-Projektes. Die deutschen Banken bewiesen angesichts der Zahlungsunfähigkeit Südafrikas 1985 und bei den späteren vier Umschuldungsverhandlungen höchstes Verständnis und Zuvorkommen. Sie stellten keine politischen Bedingungen für die Umschuldung. Sie erhöhten lediglich die Zinsen.

In diesem Buch wird beispielhaft und selektiv die Kollaboration einiger deutscher Konzerne und Banken mit dem Apartheidregime nachgezeichnet. Bisher stehen die Archive dieser Unternehmen unabhängigen Wirtschaftshistorikern nicht offen. Auch zu mündlichen oder schriftlichen Debatten waren nur wenige Firmenvertreter bereit. Unsere Untersuchung musste sich daher auf ausführliche Presse- und Literaturrecherchen stützen, auf Interviews mit südafrikanischen Arbeitern und Vertrauensleuten, die in Tochterunternehmen deutscher Konzerne arbeit(et)en. Offizielle Statistiken der südafrikanischen Reservebank wurden mit den Statistiken der Deutschen Bundesbank abgeglichen und ausgewertet. Wochenlang wurde im südafrikanischen Nationalarchiv in Pretoria in den Akten des Finanz- und Wirtschaftsministeriums, des Bergbau- und Energieministeriums, des Büros des Ministerpräsidenten und in den Protokollen der Managements strategisch wichtiger Staatskonzerne Südafrikas recherchiert. Hier liegt also nun ein Zwischenbericht über die deutsch-südafrikanischen Beziehungen während der Apartheidzeit vor. Manche Indizien und zitierte Zeugenaussagen warten noch auf endgültige Beweise. Es steht den deutschen Konzernen frei, tatkräftig zur Aufklärung beizutragen.

»Made in Germany«: Der Markt Südafrika

Zum Beispiel Läpple: Extraprofite mit Leiharbeitern

Es ist früher Morgen, die Sonne steht noch tief und weiß am Himmel. Der Wind pfeift kalt über das flache, trockene Grasland vor der Stadt Berlin im Südwesten Südafrikas. Eine schnurgerade Straße führt in das weiträumige Gewerbegebiet hinein. Es sind kaum Menschen zu sehen; nur einige Schwarze laufen am Straßenrand entlang. Sie haben sich in Decken gehüllt, der Winter ist kalt in Südafrika. Im Juni 1989 begleite ich eine Gruppe deutscher Gewerkschafter und Gewerkschafterinnen, die das Zweigwerk eines deutschen Unternehmens besuchen. Die Stimmung in dem Kleinbus ist angespannt. Dann taucht die Fabrik auf, mitten im offenen Gelände. „August Laepple (PTY) Limited, Press Shop and Tool Room for the Automobile Industry, Berlin" steht auf dem Werksschild. Die Firma ist die südafrikanische Filiale der August Läpple GmbH & Co aus dem bundesdeutschen Heilbronn. 150 Beschäftigte, davon drei Viertel Frauen, produzieren in diesem Presswerk Stanzteile unter anderem für die Honda-Fertigung bei Mercedes-Benz. Die Fabrik des Stuttgarter Autobauers liegt eine Autostunde entfernt in East London.

Die Gewerkschafter wollen mit der Geschäftsleitung von Läpple Südafrika reden. Denn die Firma hat vor kurzem 86 gewerkschaftlich organisierte Arbeiter und Arbeiterinnen entlassen. Die Sicherheitsbeamten am Werkstor telefonieren mit der Werksleitung, ein Wort gibt das andere, dann schließen die Wachmänner das Tor vor den protestierenden Besuchern. Das Management legt keinen Wert auf eine Unterredung mit der Delegation. Es lässt sie draußen in der Kälte stehen, ganz in der Nähe von zwei Dutzend schwarzen Männern und Frauen, die sich mit Wolldecken notdürftig gegen den Wind schützen. Sie sitzen und liegen im braunen Gras und erzählen, sie lagerten schon seit Monaten vor dem Werkstor. „Wir kommen jeden Morgen um sieben und warten bis zum Nachmittag. Manchmal geben sie uns Arbeit für ein, zwei Schichten, aber meistens heißt es: Kommt morgen wieder!" Täglich ziehen sie zu Fuß von ihren Elendshütten über eine unsichtbare Grenze, die Berlin von der Ciskei trennt, einem von vier schwarzen Homelands, die nach südafrikanischem Sprachgebrauch „souveräne Staaten“ sind. Faktisch sind die Zwangsreservate unfruchtbare, unterentwickelte Landflecken, in die man die Bevölkerungsmehrheit abgeschoben hat.

„Wir haben Hunger“, sagt eine der Frauen, „wenn sie uns irgendeine Arbeit geben, dann nehmen wir sie an.“

„Wir wissen, dass die gefeuerten Arbeiter unsere Freunde sind“, meint ein anderer müde, „sie sind unsere Brüder. Wir sollten Läpple boykottieren. Aber was soll man machen, wenn die ganze Familie hungert?! Es ist sehr schwer für uns.“

Der Mittelständler Läpple kam 1974 aus Baden-Württemberg nach Südafrika, wie die deutsche *Afrika-Post* seinerzeit stolz berichtete: „Dr. Muller, Vorstand des südafrikanischen staatlichen Stahlkonzerns ISCOR, eröffnete [...] die neue Fabrik von August Läpple. [...] Die moderne Fabrik, die auf 13.000 Quadratmeter Grund steht, beschäftigt 30 Büroangestellte, 50 weiße Facharbeiter und 270 Bantu. Es wurde übereinstimmend festgestellt, dass die Bantu einen überdurchschnittlichen Lohn empfangen und dass ein gutes Arbeitsklima besteht. [...] Formen, Stanzen und Werkzeuge werden gebraucht, um die Bodenplatten, Stoßdämpfer, Achsenverstärkungen und andere Teile der verschiedenen Modelle und Macharten von Autos herzustellen. Es liegen bereits Aufträge von BMW, Alfa Romeo, Fiat, Chrysler, Peugeot, Mazda, Citroën, Leyland und Mercedes-Benz vor.“[1] Investoren, die in der Nähe der völlig unterentwickelten Homelands Arbeitsplätze schufen, waren stets hoch willkommen im Apartheidstaat. „Ziel ist, Industrie und Entwicklung ins Hinterland zu bringen, damit Arbeitssuchende die Städte nicht in unkontrollierten Mengen überfluten“, hieß es in einer Werbebroschüre der südafrikanischen Regierung. Und sie lockte mit zahlreichen Vergünstigungen: Billige Kredite, auch für die Manager und ihre hübschen Villen, Steuernachlässe bis zu 50 Prozent, Rabatte für den Gütertransport, für Elektrizität und Wasser sowie bevorzugte Behandlung bei Ausschreibungen der Regierung.

Läpple weiß, wie man Extraprofite aus dem Homelandsystem zieht. Das erfahren die deutschen Gewerkschafter, als sie Kollegen der Metallgewerkschaft National Union of Metalworkers of South Africa, NUMSA, im kleinen, kargen Büro der Gewerkschaft in East London treffen. Theodor Boboyi, einer der entlassenen Vertrauensleute, erzählt die Vorgeschichte: Anfang Juli 1988 hatte die Läpple-Geschäftsführung ihn versetzt und anschließend entlassen, weil er während der Arbeitszeit an einer Gewerkschaftsveranstaltung teilgenommen hatte. Es kam zu einem spontanen Streik, mit dem die Arbeiter gegen diese Maßnahme protestierten. Als sie nach drei Tagen an die Maschinen zurückkehrten und einem Schiedsverfahren zustimmten, verlangte Läpple von jedem einzelnen die schriftliche Zusage, „künftig nicht mehr an solchen illegalen Aktionen teilzunehmen und allen Anordnungen des Managements Folge zu leisten“. Die Arbeiter, die sich erst vor wenigen Monaten in der NUMSA organisiert hatten, lehnten ab. 86 von ihnen, mehr als die Hälfte der 150-köpfigen Belegschaft, wurden ausgesperrt und entlassen. Als sich die Läpple-Arbeiter im Hauptwerk in Pretoria solidarisieren wollten, drohte das Management, die Gewerkschaft für alle Betriebsverluste haftbar zu machen – seinerzeit eine Spezialität des südafrikanischen Arbeitsgesetzes. „Die Arbeiter, die jetzt bei Läpple arbeiten, sind gegen die Gewerkschaft“, erklärt Boboyi. Denn die cleveren Deutschen hatten kurzfristig Leiharbeiter der Firma Uni System eingestellt. Die Leiharbeitsagentur wird von dem deutschstämmigen Fritz Schönknecht geleitet. Er hat sein Unternehmen in der Ciskei angemeldet, dem „unabhängigen“ Homeland.

„Unabhängig“ waren diese überbevölkerten, zerstückelten Landstriche nur in den zynischen Plänen der weißen Minderheit. Nach dem Prinzip des „Teile und herrsche“ hatten die Weißen seit Anfang des Jahrhunderts per Gesetz die schwarze Mehrheit nach und nach enteignet, sie ihrer Staatsbürgerschaft und Bürgerrechte beraubt und sie ihren „Stämmen“ gemäß in zehn „Bantustans“ verbannt, in denen sie getrennt von den Weißen ihr Dasein fristen sollten. 70 Prozent der Bevölkerung sollten sich mit 13 Prozent der Fläche Südafrikas zufrieden geben. Millionen Einheimische wurden von ihrem Land vertrieben und mit Gewalt in die Homelands umgesiedelt. Die Anglo-American Corporation, der einflussreichste und größte Bergbau- und Mischkonzern Südafrikas, stellte das Regierungsprogramm der Apartheid so vor: „Die jetzige Regierung stellte mit voller Unterstützung der Wähler klar, […] dass die

Bantu keinen Anspruch auf feste Wohnsitze in Europäergebieten haben, dass sie sich dort als Arbeiter aufhalten und daher außerhalb der Bantu-Reservate weder Grundbesitz noch politische Rechte haben können. [...] Einrichtungen für die politische Vertretung der Bantu müssen mit zwei Grundsätzen übereinstimmen: erstens muss anerkannt werden, dass die Bantu nicht erwarten können, in den europäischen Gebieten gleiche Rechte wie in ihren eigenen zu erhalten, und zweitens, dass klar getrennte Volksgruppen existieren, die auch geographisch voneinander getrennt sind und die nicht behandelt werden können, als seien sie in ihrer Struktur einheitlich."[2] Tatsächlich hatte die Ciskei eine eigene Regierung, eine eigene „Hauptstadt" mit Flughafen und eigene Polizeikräfte. Nur lebensfähig war sie nicht. „Puppets" nannten die meisten Schwarzen das Marionettenregime für einen Phantomstaat, der voll und ganz von den Herrschaften in Pretoria alimentiert wurde.

Die Anwerbung von Arbeitskräften aus der Ciskei bringe Läpple Vorteile; die Schwarzen aus den Homelands stellten billige Arbeitskräfte für die umliegenden Industrien in den „weißen" Gebieten, erklärt Boboyi: „Die in der Ciskei operierende Firma Uni System kann ihre Arbeiter ohne Anhörung mit einer Schicht Vorlauf kündigen; die Arbeiter erhalten einen Einheitslohn von fünf Rand, rund 4,80 Mark. Der Mindestlohn bei Läpple beträgt 5,87 bis maximal sechs Rand, rund 5,20 Mark. Außerdem sind bei Uni System Gewerkschaften verboten." Denn in der gesamten Ciskei sind Gewerkschaften verboten. Uni System und Läpple arbeiten Hand in Hand. Der Leiter der südafrikanischen Läpple-Filiale in Pretoria findet das alles nicht ungewöhnlich. Als wir Heinz Teifel in seinem Büro in Pretoria mit den Erkenntnissen aus Berlin konfrontieren, wehrt er energisch alle Vorwürfe ab: „Leiharbeit gibt es doch überall, und außerdem sind die mit 4,80 Mark verdammt gut bedient." Der Mittelständler regt sich auf. Überhaupt, wenn die Arbeiter nicht ständig mit wilden Streiks die Produktion gefährdeten und wenn sie aufhören würden, Politik in den Betrieb zu tragen, dann bräuchte Läpple keine Leiharbeiter. Der Betriebsrat in Pretoria erklärt allerdings, dass auch im Hauptwerk die Hälfte der Beschäftigten Leiharbeiter sind. Von einer Firma, die als Postadresse Bophuthatswana angibt, ein anderes „unabhängiges" Homeland, dessen „Grenze" wenige Stunden von Pretoria entfernt liegt. Wir informieren die deutschen Gewerkschafter über die Stellungnahme der Läpple-Leitung. Die reisen unverrichteter Dinge nach Hause. Sie wissen, dass es sehr schwer sein wird, in der fernen Bundesrepublik Solidarität für die südafrikanischen Kollegen und Kolleginnen zu organisieren.

Zum Beispiel Daimler-Benz: Lebensnotwendiger Partner
13 Jahre später, im Jahr 2002. Wir reisen nach East London, um mit Betriebsräten von DaimlerChrysler über die Apartheidzeit zu sprechen. Die Stadt am Indischen Ozean hat sich kaum verändert. Auf der Touristenmeile am Strand steht eine Hand voll Hotels, nackt wie Bauklötze, nur das Holiday Inn hat die typisch südafrikanische üppige Gartenanlage mit Pool. Ein paar Fast-Food-Restaurants und billige Pensionen in den kleinen Straßen hinter den Hotels machen deutlich: Die graue Hafenstadt lebt nicht vom Tourismus. Die Reisenden fahren an East London vorbei in die weiter nördlich gelegenen, ruhigen Badeorte mit den einsamen Traumstränden. East London lebt von der Industrie. Die 100.000-Einwohner-Stadt liegt in der sogenannten Border Region, an der „Grenze" zu den alten Gebieten der Xhosa, die von den ersten britischen Siedlern Mitte des 19. Jahrhunderts gewaltsam vertrieben wurden. Um die gleiche Zeit landeten auch die ersten Deutschen und gründeten Kleinstädte mit heimatlichen Namen wie Braunschweig, Frankfurt, Hannover – und Berlin. Von der Küste streckte sich der schmale „weiße Korridor" nach Norden aus. So hieß das Land, das eingeschlossen zwischen den Homelands Ciskei und Transkei lag. Nur zum Arbeiten durften die Schwarzen in die Städte kommen. Tief saß die Angst in den Seelen der Pioniere, die sich hier in der Border Region an der Grenze zum bedrohlichen schwarzen Afrika wähnten. In East London landen seit Jahrzehnten die Bauteile für die Nobelkarossen von DaimlerChrysler. Seit Mercedes sich Mitte der 60er Jahre bei dem südafrikanischen Automobilhersteller United Car & Diesel Distributors, UCDD, einkaufte, ist das Werk der größte Arbeitgeber der Stadt. Gegenwärtig produzieren und montieren hier rund 4.400 Mitarbeiter die Mercedes-Benz C-Klasse und Mercedes-Benz Nutzfahrzeuge MB 800 und L 200.

Das Büro der Betriebsräte liegt gleich hinter Fabriktor zwei in einem einstöckigen, farblosen Gebäude. Im Betriebsratsbüro telefonieren Arbeiter in Blaumännern; sie diskutieren, scherzen und lachen. Ich treffe Mthutuzeli Tom, einen der Betriebsräte der ersten Stunde. Damals, 1989, stand er noch in der zweiten Reihe. Was sollten sie damals gegen die Zustände beim Zulieferer Läpple unternehmen?! Sie hatten selber jede Menge Probleme ... Heute strahlt der große, schlanke Mann Gelassenheit aus. Seit nun fast 20 Jahren vertritt er die Arbeiter von Mercedes und im Jahr 2000 machte ihn die inzwischen mächtige südafrikanische Metallarbeitergewerkschaft NUMSA zu ihrem Vorsitzenden. Mthutuzeli Tom gehört zu den erfahrenen „Comrades", wie sich die Befreiungskämpfer untereinander nannten; er hat den ganzen Befreiungskampf miterlebt. „Damals hätten Sie mich nicht hier auf dem Betriebsgelände, sondern nur im Büro der Gewerkschaft in der Stadt interviewen können", sagt er und lacht ironisch. Er erinnert sich gut an die alltägliche Diskriminierung im deutschen Betrieb. Alle Manager, auch die auf den unteren Ebenen, hatten damals das Recht, Arbeiter zu heuern und zu feuern. Sobald sie sich von den Fähigkeiten eines talentierten Untergebenen „bedroht" fühlten, setzten sie ihn einfach vor die Tür. Die Arbeitswoche war 45 Stunden lang, Überstunden wurden zwangsweise angeordnet und miese Löhne waren die Regel. „Weiße waren immer in den höheren Etagen, Schwarze waren immer unten. Wir wussten: Gewisse Dinge waren einfach nicht für uns gedacht." Heute lacht Mthutuzeli Tom kopfschüttelnd darüber; ein tiefes, befriedigtes Lachen. Das Lachen der Gewinner.

Seinerzeit hat er in der Karosseriewerkstatt gearbeitet. Die Karosserien hingen nicht wie in deutschen Werken seitlich am Montageband, sondern über den Köpfen der Arbeiter. „Wir hatten immer Schnitte in Händen und Beinen und Brandwunden von den Schweißmaschinen", erinnert sich Tom, „die Funken sprangen von oben in die Overalls. Die waren einteilig und man brauchte total lange, um sie zu öffnen", Tom springt auf, nestelt nervös an seinem Hemd, öffnet hastig imaginäre Knöpfe. „Oh mein Gott, wenn man endlich die verbrannte Körperstelle erreichte, war da ein großes Loch." Mthutuzeli Tom war einer von 5.000 meist schwarzen Arbeitern bei der DaimlerChrysler-Niederlassung, die in jenen Tagen „Mercedes-Benz South Africa" hieß. „Apartheid war ein System nicht nur der Rassentrennung, sondern der aktiven Unterdrückung der Menschen", sagt Mthuzeli Tom und empört sich nun doch im Rückblick: „Das System reichte in alle Sphären unseres Lebens hinein. In Krankenhäusern arbeiteten Militärärzte, in Schulen waren Soldaten als Lehrer. Unglaublich! Ein Soldat sollte das Apartheidsystem intakt halten – er sollte alles dafür tun, dass ich die Schule nicht schaffte! Apartheid war überall – im Betrieb, in den Schulen, in Krankenhäusern, überall gab es Strukturen, damit Apartheid verankert blieb und ihren Krieg gegen uns führen konnte!"

Daimler-Benz hat dieses System über Jahrzehnte entscheidend unterstützt. „Daimler ist ein lebensnotwendiger Partner der südafrikanischen Kriegsindustrie", sagte Abdul Minty 1987 auf der Hauptversammlung des Konzerns. Er war damals Direktor der Weltkampagne gegen militärische und nukleare Zusammenarbeit mit Südafrika und ist heute Direktor im südafrikanischen Außenministerium. Zwei Jahre später wiederholte er beim gleichen Anlass: „Wenn es überhaupt ein internationales Unternehmen gibt, das die Armee im Apartheidstaat schwächen kann, dann ist es Daimler-Benz."[3]

Wahlverwandtschaften: Hitlers Freunde an der Macht

Westdeutsche Unternehmen hatten von Anbeginn die weiße Alleinherrschaft mitgetragen. Siemens etwa verlegte schon 1892 die erste Telegrafenverbindung in Südafrika; die Deutsch-Südafrikanische Handelskammer ist mit ihrer Gründung 1949 eine der ältesten deutschen Handelskammern der Welt. Viele Wirtschaftsführer der Nachkriegszeit trafen in Südafrika auf eine Gesinnung, die ihnen aus der Zeit des deutschen Faschismus vertraut war. „Wahlverwandtschaften" machte Günter Verheugen aus, heute EU-Kommissar, damals SPD-Bundestagsabgeordneter und Sprecher seines Parteivorstandes. „Mit Rassismus kann man gute Geschäfte machen", schrieb er in seinem Buch über die Apartheid, „das wirtschaftliche Engagement des Westens in Südafrika war nicht nur Ausdruck des Vertrauens auf die Fähigkeit des weißen Regimes, die so profitablen ‚Rahmenbedingungen' der Apartheidwirtschaft erhalten zu können, sondern auch ein Zeichen der Übereinstimmung, der Zustimmung."[4]

Allein der Aufsichtsrat der Deutschen Bank etwa vereinte 1977 Männer mit einschlägiger Vergangenheit wie Franz Heinrich Ulrich (Siemens), ehemaliges SS- und NSDAP-Mitglied; Dr. Herbert Quandt (u.a. Varta), Sohn des Wehrwirtschaftsführers Günter Quandt und Mitglied in Vorständen und Aufsichtsräten diverser Rüstungsfirmen, Dr. Friedrich Karl Flick und Hermann Josef Abs. Sie alle waren herausragende Wirtschaftsführer während der NS-Zeit. Zeitgleich mit dem Aufstieg des Faschismus zur Macht in Deutschland, begannen die burischen Nationalisten in Südafrika die wirtschaftliche Macht zu erobern. Infolge der Weltwirtschaftskrise gaben die USA 1932 das Gold als Deckung des staatlichen Geldes und somit als Währungs-Äquivalent auf. Dadurch schnellte der Goldpreis auf dem freien Markt in die Höhe und bescherte Südafrika einen Aufschwung im Goldbergbau und einen lang anhaltenden Wirtschaftsboom bis zum Ende des Jahrzehnts. Südafrika wurde finanziell etwas unabhängiger von der ehemaligen Kolonialmacht Großbritannien und infolge des expandierenden Bergbaus entstand eine Schwerindustrie, in der die gewonnenen Mineralien veredelt wurden. Auf dem Fundament dieser Boomjahre bauten die Nationalisten den Apartheidstaat auf und leiteten die Kontrolle der Wirtschaft ein.

Ein beträchtlicher Teil der radikalen rechten Buren hatte während des Zweiten Weltkrieges mit dem rassistischen Führerstaat in Deutschland sympathisiert. Sie hatten sich mit der eigenen Regierung unter Jan Smuts angelegt, die an der Seite der Briten Nazideutschland bekämpfte. Viele dieser Hitler-Bewunderer gehörten später zu der Kernmannschaft des Apartheidregimes, darunter die Staatspräsidenten Hendrik Verwoerd und John Vorster. Als diese weißen Herren 1948 die bereits seit Anfang des Jahrhunderts existierende Rassentrennung in ein höchst komplexes, bürokratisiertes und extrem legalistisches System gossen, sahen deutsche Politiker und Unternehmer keinen Grund, sich davon zu distanzieren. Obwohl die UN-Vollversammlung bereits 1950 die Rassendiskriminierung der Apartheid erstmals verurteilt hatte. „Sich durchsetzen gegen eine Welt von Feinden, lieber kämpfend untergehen als auf irgendetwas zu verzichten, ein Ordnungsprinzip durchsetzen, koste es, was es wolle; klare unbestreitbare Strukturen in Befehl und Gehorsam, von oben nach unten, durchsetzen: Ist es das, was den Deutschen an den Buren so gefällt?“ fragt Verheugen. „Fest an eine besondere eigene historische Sendung und einen Zustand des Ausgewähltseins zu glauben; wirtschaftliche Stärke und militärische Macht als Ausweis moralischer Überlegenheit zu betrachten – sind das Eigenschaften, bei denen sich die Deutschen in den Buren wiederfinden oder wenigstens wiederfinden möchten?"[5]

Westdeutsche Investoren haben sich dazu nicht öffentlich geäußert. Sie gaben über 40 Jahre lang vor, Geschäft und Politik ließen sich trennen. Sie brauchten die Schwarzen als gute, das heißt billige Arbeitskräfte, und sie verlangten nicht anders als die südafrikanischen Industriellen, dass die Arbeiter in Schach gehalten wurden. Die Unternehmen machten ihre Gewinne und die Buren die Politik. Apartheid bedeutete: keine Gewerkschaften, niedrige Steuern, billige Arbeitskräfte, hohe Profite – und ein schönes Leben in einem wunderschönen Land mit überaus billigem Dienstpersonal. Der Oberkirchenrat Günter Linnenbrink beschrieb in einer Bilanz der Firmen- und Gewerkschaftsgespräche der Evangelischen Kirche Deutschlands etwa über eine Zusammenkunft im Mai 1973, es habe sich herausgestellt, „dass die Beurteilung der allgemeinen politisch-sozialen Lage in der Republik Südafrika zwischen Kirchen- und Firmenvertretern kontrovers war. So sahen die letzteren die Gefahr einer dramatischen Zuspitzung lediglich durch kommunistische Agitation von außen gegeben. Das System der ‚getrennten Entwicklung' selbst wurde als durchaus akzeptables politisches Programm zur Beseitigung der Rassenprobleme angesehen. Die Politik der *Homelands* wurde als wichtiger Schritt in die richtige Richtung bewertet."[6]

Die relative Ruhe in der Wagenburg Südafrika – bislang hatten die Unterdrückten nur mit friedlichen Mitteln, mit Streiks, Demonstrationen und zivilem Ungehorsam gegen die Rassentrennung protestiert – wird am 21. März 1960 jäh unterbrochen. Nach einem Protestmarsch versammeln sich die Township-Bewohner von Sharpeville am Nachmittag vor der Polizeistation. 300 Polizisten sehen sich von 5.000 Afrikanern und Afrikanerinnen umringt. An einem Tor kommt es zu einer Rauferei, die Polizei eröffnet das Feuer und schießt wahllos in die Menge. 69 Menschen werden getötet, 186 verletzt; die meisten werden in den Rücken geschossen. Die Regierung unter Hendrik Verwoerd, der den Polizeistaat wesentlich erweitert hatte, lässt 2.000 Aktivisten verhaften, ruft den Notstand aus und verbietet die Befreiungsorganisationen African National Congress, ANC, und Pan Africanist Congress, PAC. Das „Massaker von Sharpeville“ wird zum ersten international bekannten Symbol für die Brutalität des Apartheidregimes. Nie zuvor ist Südafrika eine solche Welle der Empörung aus dem Ausland entgegengeschlagen. Vom Bonner Botschafter in Pretoria, Hans Ulrich Granow, wird dagegen in jenen Tagen folgender Satz überliefert: „Ich verbeuge mich vor dem Mut und der Willenskraft der Südafrikaner, die sie zur Lösung ihrer eigenen Probleme im eigenen Land aufbringen.“[7] Granow gehörte zu dem diplomatischen Personal, das nach dem Zweiten Weltkrieg die ersten Kontakte zu Südafrika knüpfte und das trotz seiner Tätigkeit während des Faschismus wieder in Amt und Würden des Auswärtigen Dienstes hatte eintreten können. Des Botschafters Vorgesetzte in Bonn enthalten sich jeden Kommentars. Die christdemokratischen Parteien und ihre Kanzler Konrad Adenauer und Ludwig Erhard hegten Verständnis und Sympathie für das Herrschaftssystem am Kap und sahen in Südafrika ein „befreundetes Land“; schließlich standen die südafrikanischen Nationalisten im Kalten Krieg auf der richtigen Seite. Im Juli 1948 hatte das eben etablierte Apartheidregime 60 Piloten geschickt, die den Alliierten beim massiven Lufttransport von Nahrungs- und sonstigen Versorgungsmitteln in das belagerte Westberlin halfen. Die südafrikanische Regierung erkannte die Hallstein-Doktrin an, wonach die Bundesrepublik mit keinem Staat diplomatische Beziehungen pflegen durfte, der seinerseits solche Beziehungen zur DDR aufgenommen hatte – ein effektives Mittel, um nichtkommunistische Staaten davon abzuhalten, die DDR diplomatisch anzuerkennen. Außerdem unterstützte die südafrikanische Regierung die deutsche „Wiedervereinigung“. Man pflegte intensive Kontakte und besuchte sich häufig.

Goldgrube für Investoren: Die 60er Jahre

Die südafrikanische Wirtschaft reagierte auf das Massaker von Sharpeville, wie sie es von nun an bei jeder Krise tun würde: Der Rand und die Aktienkurse fielen ins Bodenlose und internationales Kapital wurde abgezogen. Aber nur kurzfristig. Als die schwarzen Führer im Gefängnis saßen oder ins Exil geflohen waren, als die Regierung wieder die Kontrolle hatte, war der Weg frei für ein Jahrzehnt des Wirtschaftswunders. Die Multis aus aller Welt konnten der Verlockung rascher Expansion und überdurchschnittlicher Renditen nicht widerstehen. Die Nettoprofitrate der verarbeitenden Industrie lag in Südafrika 1955 bei 40 Prozent, 1964 bei 30 Prozent und 1970 immer noch bei 20 Prozent. Erst in den Siebzigern waren in den westlichen Industrieländern ähnlich hohe und später auch höhere Gewinnmargen zu erzielen. Das deutsche Kapital erwies sich im Boom der 60er Jahre gar als der dynamischste unter den neuen Partnern der weißen Oligarchie, Sharpeville hin oder her. Offensichtlich war es den westdeutschen Unternehmen zu Hause etwas ungemütlich geworden.

Die *Afrika-Post*, das Zentralorgan der größten Südafrika-Lobby, der Deutsch-Südafrikanischen Gesellschaft, referierte im März 1971 den Vortrag des geschäftsführenden Direktors der Dresdner Bank, Helmut Haeusgen. Der meinte vor den Mitgliedern der Deutsch-Südafrikanischen Kammer für Handel und Industrie: „Seit Gehälter und Löhne und auch andere Kosten wie z.B. die Sozialversicherung offensichtlich zu einer Maximalhöhe ansteigen, hält die deutsche Industrie mehr und mehr Ausschau nach geeigneten Ländern in Übersee. Ein weiterer Faktor, der die Kapitalanlagen nach Südafrika ziehen könnte, sei der, dass – während sozialistische Tendenzen in Europa gewisse Unruhen hervorgerufen haben – Südafrika immer noch als ein dauerhafter Schutz für Kapital angesehen wird, das sichere und lohnende Anlagen sucht.“[8] Die Commerzbank zählte – ganz objektiv – weitere Pluspunkte des Wirtschaftsparadieses Südafrika auf: den hohen Entwicklungsstand der Wirtschaft, eine gut ausgebaute Infrastruktur, maßvolle Besteuerung, weitgehenden Arbeitsfrieden, Investitionsanreize der Regierung und die hohen Zuwachsraten der Expansion. Unverblümter bringt die US-amerikanische Wirtschaftszeitschrift *Fortune* die Interessen des Kapitals auf den Punkt: „Die Republik Südafrika war für ausländische Investoren schon immer eine Art Goldmine, einer jener seltenen erquickenden Flecken Erde, wo die Profite groß und die Probleme klein sind. Das Kapital ist weder durch politische Instabilität noch durch Verstaatlichung bedroht. Arbeitskräfte sind billig, die Wirtschaft floriert, die Währung ist hart und konvertibel.“[9]

Vor allem westdeutsche Großunternehmen investierten in Südafrika. Die Achse Bonn–Pretoria entwickelte sich zu einem tragfähigen Pfeiler der südafrikanischen Wirtschaft. Nach Angaben der deutschen Bundesbank betrugen die deutschen Direktinvestitionen in Südafrika 1960 etwa 80 Millionen Mark. Ab 1965 begannen sie rasch zu wachsen, jährlich um etwa 17 Prozent. 1983 betrugen die Direktinvestitionen etwa 2,5 Milliarden Mark. Häufig eröffneten deutsche Exporteure zunächst kleine Vertretungen und stiegen erst später in die Produktion ein, zum Beispiel Krupp, das seine Kräne zunächst über ein technisches Verkaufsbüro an Südafrika lieferte, und die Demag, die Hochöfen und Walzstraßen ans Kap brachte. Die Investoren waren begeistert. Die *Stimme Afrikas* schreibt: „Volkswagen, Audi, BMW und Daimler-Benz sind mit Autos auf südafrikanischen Strassen vertreten, BASF, Bayer, Hoechst und Henkel sind bedeutende Namen in der südafrikanischen chemischen Industrie. Bosch, Siemens, Lurgi, Mannesmann und andere sind Grossunternehmen im industriellen Bereich. Die drei Grossbanken, Deutsche Bank, Dresdner Bank und Commerzbank und andere haben in Südafrika einen lukrativen Finanzmarkt gefunden.“[10] 1971 registrierte die Deutsch-Südafrikanische Kammer für Handel und Industrie über 300 westdeutsche Unternehmen mit eigener Niederlassung in Südafrika.

Kapitalanleger und Investoren aus der demokratischen Bundesrepublik Deutschland nahmen keinerlei Anstoß daran, dass schwarze Arbeiter und Arbeiterinnen in Südafrika in jener Zeit – per Gesetz – wie rechtlose Sklaven behandelt wurden. Facharbeiten waren Weißen vorbehalten, schwarze Gewerkschaften waren nicht anerkannt, Lohnverhandlungen fanden nicht statt, die Arbeitgeber legten die Löhne willkürlich fest. Schwarze Arbeiter hatten kein Streikrecht. Wer dennoch die Arbeit niederlegte, musste mit bis zu drei Jahren Gefängnis rechnen. Die weißen Machthaber hatten alle Ansätze einer afrikanischen Gewerkschaftsbewegung immer wieder brutal unterdrückt. Premier Hendrik Verwoerd, strenger Calvinist und besessen vom Wahn einer besonderen Vorsehung für die burische „Nation“, hatte den Polizeistaat perfektioniert: monatelange Haft ohne Rechtsbeistand, Misshandlungen in den Gefängnissen und Hinrichtungen waren legal. Acht Jahre nach Verwoerds Amtsübernahme erstach ein angeblich unzurechnungsfähiger Parlamentsdiener den Premierminister im Plenarsaal. Neuer Regierungschef wurde der Justizminister und härteste Mann aus seinem Kabinett, der einstige General eines faschistischen Kampfverbandes, Balthasar John Vorster. Er versah das weiße „Laager“ mit weiteren aggressiven Gesetzen – gegen „Terrorismus“ und für „innere Sicherheit“ –, die polizeilicher Willkür Tür und Tor öffneten. Er führte die Präventivhaft und die unbegrenzte Haftdauer ein. „Der Staat ist jetzt so mächtig“, schrieb die liberale *Rand Daily Mail,* „dass jedermann jederzeit verhaftet werden kann, ohne dass jemand benachrichtigt wird und ohne dass der Verhaftete die geringste Möglichkeit hat, ein Gericht oder sonst eine Instanz anzurufen.“[11]

Der neue Bundesaußenminister der Großen Koalition, Willy Brandt, reagierte auf diese Menschenrechtsverletzungen mit taktvoller Zurückhaltung auf der politischen Ebene und eindeutiger Zustimmung auf wirtschaftlichem Gebiet. „Die Wirtschaftsbeziehungen haben eine lange Tradition“, sagte Brandt in einer Ansprache 1968. „Wir hatten keinen Anlass, mit dieser Tradition plötzlich und einseitig zu brechen, zumal wir als ein auf Export angewiesener Industriestaat auch die Interessen unserer Wirtschaft wahren müssen. Wir haben außerdem die Erfahrung gemacht, dass man Handel und Politik nicht ohne Not koppeln soll. Deshalb sind wir für den Ausbau der Wirtschaftsbeziehungen selbst zu solchen Staaten, mit denen wir erhebliche politische Kontroversen haben.“[12]

Außenwirtschaftspolitik wurde als pure Interessenpolitik definiert, Moral und Ethik kamen – wenn überhaupt – allenfalls auf diplomatischem Parkett zur Sprache. Dieses Muster behielt Willy Brandt auch als Kanzler bei. Oberste Priorität hatte die Entspannung in der Ostpolitik. Eine schärfere Gangart in der Wirtschaftspolitik gegenüber Südafrika, etwa unter Hinweis auf Menschenrechte, hätte auch gegen den „kommunistischen Feind“, die Sowjetunion, angewandt werden müssen. Diese Auseinandersetzung mit der Opposition wollte Brandt vermeiden. Also wurde der Außenhandel zunächst „entpolitisiert“ und wenig später erneut ideologisch in Dienst genommen: „Wandel durch Handel“ lautete die neue Formel. So stand der Erweiterung der deutsch-südafrikanischen Wirtschaftskontakte nichts im Wege.

Alle Finanzminister jener Jahre pflegten gute Beziehungen zu ihren südafrikanischen Partnern, der Finanzminister der Großen Koalition, Franz Josef Strauß, ebenso wie nach ihm die SPD-Minister Alex Möller und Karl Schiller. Premier John Vorster formulierte 1972 schlicht und einfach die Wirkung dieser Politik: „Jedes Handelsabkommen, jeder Bankkredit, jede neue Investition festigt unsere Existenz wie ein weiterer Stein in der Mauer."[13]

Die Bundesrepublik entwickelte sich zu einem überaus wichtigen Handelspartner des Regimes. Deutsche Firmen lieferten elektrotechnische und elektronische Waren, Maschinen und Kraftfahrzeuge, also Investitionsgüter und Fertigprodukte auf hohem technologischen Stand, die Südafrika dringend für die industrielle Expansion brauchte. Der südafrikanische Botschafter Donald Belle Sole freute sich darüber unverhohlen im *Industriekurier:* „Eine gegenwärtige Entwicklung, die von der südafrikanischen Regierung sehr begrüßt wird, ist, dass immer mehr deutsche Firmen sich dafür interessieren, in Gemeinschaftsunternehmen zusammen mit südafrikanischen Konzernen ihr Geld anzulegen."[14] Der Botschafter hatte allen Grund, zufrieden zu sein. Denn deutsches Kapital floss überwiegend in die Sektoren der südafrikanischen Wirtschaft, die das Rückgrat des Regimes bildeten. Bereits seit geraumer Zeit hatte Pretoria staatliche Industrie- und Versorgungsbetriebe in strategisch wichtigen Branchen gegründet, an deren Spitze häufig burische und nicht, wie traditionell, englische Manager standen. Unter ihrer Regie sollte der Apartheidstaat für die Autarkie, ein Überleben unabhängig von Importen, vorbereitet werden. Südafrika baute eine Wagenburg gegen den Rest der Welt. Dafür wurden Unternehmen und Investoren in einem groß angelegten Plan auf die Expansion des militärischen Sektors und auf strategische Investitionen eingeschworen. Die Deutschen ließen sich bereitwillig auf diese direkte Kooperation mit dem rassistischen Staat ein. Die westdeutschen Ausfuhren nach Südafrika stiegen von knapp 84 Millionen Mark 1950 auf knapp über eine Milliarde 1965. Zwischen 1960 und 1970 steigerten sie ihre Exporte um Raten zwischen jährlich fast 20 Prozent (bis 1965) und jährlich 13 Prozent (bis 1970). Das Bundeswirtschaftsministerium hatte nur Positives zu vermelden: „Die Deutsch-Südafrikanische Kammer für Handel und Industrie entfaltet eine erfolgreiche

Tätigkeit. Sie arbeitet eng mit den Wirtschafts- und Industriebehörden zusammen und ist bestrebt, das Verhältnis zu den amtlichen und halbamtlichen Stellen zu festigen und zu vertiefen."[15] Die Zusammenarbeit mit den „amtlichen" und „halbamtlichen" weißen Herren am Kap sollte zum Mittelpunkt der deutschen Aktivitäten werden.

Die Lebensadern des Regimes: Die staatlichen Konzerne

1969 besuchte eine 15köpfige Delegation des Bundesverbandes der Deutschen Industrie, BDI, Südafrika; darunter Vertreter der Stahl- und der Chemieindustrie sowie der deutschen Banken. Der Wirtschaftsminister des Regimes, Jan Friedrich Wilhelm Haak, begrüßte die Herren im blauen Zwirn mit den Worten: „Endlich kommen die Deutschen." Auf dem Programm stand: „Zusammenführung von Partnern zu Einzelprojekten." Hauptgesprächspartner der Deutschen war die Industrial Development Corporation, IDC. Aufgabe dieser „Entwicklungs"-Gesellschaft war der systematische Auf- und Ausbau strategisch wichtiger Industriezweige wie Stahl, Energie, Transport und Rüstung. Die IDC förderte potentielle Investoren mit Beratung, Kontakten und Krediten. Im Laufe der Zeit wuchs diese Lenkungszentrale zum eigenständigen Mischkonzern mit Beteiligungen an vielen verschiedenen Schlüsselindustrien. Die IDC war offenbar sehr erfolgreich. „Unter den Partnern der IDC nehmen die Deutschen eine herausragende Stellung ein. Deutsche Firmen haben tatsächlich einen Großteil zu IDC-Projekten im besonderen und der südafrikanischen Industrie im allgemeinen beigetragen", heißt es in einer Werbeanzeige der IDC in der *Frankfurter Allgemeinen Zeitung,* „Aktuelle Beispiele sind die Beteiligung von Daimler-Benz an der Errichtung einer Dieselmotorenfabrik für Nutzfahrzeuge, der große Beitrag, den Steinmüller beim Bedarf der ESCOM zur Energieerzeugung geleistet hat, und die führende Rolle, die Siemens bei der Einführung der Mikroelektronikindustrie in Südafrika übernahm. Das sind außergewöhnliche Fälle, aber es gibt auch zahlreiche Beispiele dafür, dass es der IDC ohne eigene Beteiligung gelungen ist, deutsche Firmen mit südafrikanischen Partnern zusammenzubringen, so dass deutsche Produkte zum Nutzen beider Länder in Südafrika hergestellt werden können."[16] Die IDC und der Bundesverband der Deutschen Industrie kooperierten kontinuierlich und richteten zu diesem Zwecke ständige Sekretariate ein.

Auch die Energiegewinnung kontrollierte das Apartheidregime voll und ganz. Öl war lange Zeit ein großes Problem für Südafrika, da seine reiche Rohstoffpalette kein schwarzes Gold aufwies und das über kurz oder lang einen Ölboykott befürchten musste. Die OPEC hatte schon nach dem israelisch-arabischen Jom-Kippur-Krieg 1973 ein Ölembargo verhängt. Bereits 1955 begann die S.A. Coal and Gas Corporation, SASOL, in Sasolburg im Herzen Südafrikas, im traditionell burischen Orange Free State, mit der industriellen Gewinnung von flüssigen Kraftstoffen aus Kohle. Das Verfahren stammte aus Deutschland. (Der Erfinder des sogenannten „Fischer-Tropsch-Prozesses“, Franz Josef Fischer, war NSDAP-Mitglied. Für die deutschen Diktatoren half er eigenhändig, eine Versuchsanlage in Südafrika aufzubauen. Sein Verfahren wurde 1934 von der Ruhrchemie AG großtechnisch realisiert. Auch die Nazis hatten auf der Suche nach Autarkie auf dem Energiesektor probiert, Braun- und Steinkohle in Treibstoffe umzuwandeln.)

Nach dem Krieg lieferten die Lurgi Gesellschaft und die Ruhrchemie Südafrika kurzerhand Design und Rechte für eine Anlage, die mit dem Fischer-Tropsch-Prozess Öl aus Kohle herstellen konnte. 1983 verfügte Südafrika mit drei Werken über die weltgrößte Fabrik zur Verflüssigung von Kohle. „Zusammen werden diese drei Werke jährlich 32 Millionen Tonnen minderwertige Kohle in Benzin, Flüssiggas und Chemikalien umwandeln und so entscheidend zu dem Ziel beitragen, die Selbstversorgung mit Energie zu verwirklichen“, heißt es in einer Werbeanzeige.[17] Tatsächlich waren die Endprodukte der SASOL Fabriken – auch Diesel, Düsentreibstoff und Heizöl gehörten dazu – lebenswichtig für einen Staat, der von ausländischen Rohöleinfuhren unabhängig werden wollte. Für den Aufbau der SASOL-Werke I und II lieferten die Deutsche Babcock, Siemens und Gutehoffnungshütte Anlagen und Technologien im Wert der Hälfte der Gesamtinvestitionen. Kohlevergasungsanlagen für die Werke II und III lieferten Linde und die Metallgesellschaft; Linde lieferte auch Kühlsysteme; von Mannesmann Demag kamen Schwertransport-Ausrüstungen; von der Deutschen Babcock Heizkessel und von der Klein-Pumpen GmbH Wasserpumpen.

Die Electricity Supply Commission, ESCOM, war die größte der staatlichen Gesellschaften. Sie versorgte das Land exklusiv mit Elektrizität, die zu 90 Prozent in Kohlekraftwerken erzeugt wurde, zu einem geringen Teil mit Wasserkraft und ab 1978 auch im ersten Atomkraftwerk in Koeberg nahe Kapstadt. 1971 betrieb ESCOM 14 herkömmliche Kohlekraftwerke. Sie wurden nach und nach durch modernere Anlagen ersetzt. Aber ESCOM versorgte nicht etwa die schwarze Bevölkerung mit Elektrizität. Millionen Schwarze schleppten ihr Leben lang Holz und Paraffin für Herde, Öfen, Lampen und Kühlschränke heran. Der Stromerzeuger lieferte den Löwenanteil seiner Energie an den Kohle- und Goldbergbau – die mit Abstand wichtigsten Devisenbringer des Apartheidregimes. Und natürlich brauchten die neuen Industrien jede Menge Strom: die Stahl-, die Schwer- und die Atomindustrie sowie das verarbeitende Gewerbe. Viele Jahre lang war der Konzern der größte Einzelinvestor im Land. ESCOM war einer der wichtigsten Importeure westdeutscher Investitionsgüter, etwa Kessel und Turbogeneratoren von Steinmüller, Siemens, der Kraftwerk Union Mülheim (Siemens-Konzern), MAN und AEG-Telefunken.

Die staatseigenen Unternehmen garantierten auch wirtschaftliche Unabhängigkeit für die Transportsysteme – die Eisenbahngesellschaft SAR, die Transportgesellschaft SATS (sie betrieb Eisenbahnen, Häfen, Flughäfen, Pipelines) und die Fluggesellschaft SAA. Das gleiche galt für die bereits in den 20er Jahren gebauten drei Eisen- und Stahlwerke der Iron and Steel Corporation, ISCOR sowie weitere Gesellschaften zur Ölexploration, zur Papier-, Zellulose-, Aluminium-, Phosphat- und Kabelproduktion.

Das eiserne Herz des staatlichen Sektors aber war die Armaments Development and Production Corporation, ARMSCOR. Pieter Willem Botha gründete das Unternehmen als Verteidigungsminister 1968, nach Sharpeville und vier Jahre nach dem ersten, noch unverbindlichen Aufruf zum Rüstungsembargo gegen Südafrika im UN-Sicherheitsrat. In seinen zwölf Amtsjahren baute er den Konzern zum Zentrum der Rüstungsindustrie aus. Der Staatspräsident berief das Aufsichtsgremium. Neben dem Verteidigungsminister und den Chefs der Streitkräfte gehörten stets auch Vertreter der Privatwirtschaft dazu.

ARMSCOR sollte dafür sorgen, dass Südafrika auch und gerade in der Waffenproduktion vom Ausland unabhängig wurde. Gleichzeitig sollte die Rüstungsindustrie die wachsende verarbeitende Industrie mit Kow How und Technologie versorgen und ihr zu weiterer Selbständigkeit verhelfen. Die Interessen der Unternehmer und der Militärs gingen Hand in Hand. Beide wollten den politischen Status Quo erhalten und die Industrie modernisieren, und es bildete sich das heraus, was später „militärisch-industrieller Komplex" in Südafrika genannt wurde. ARMSCOR stellte Waffen und Munition für die südafrikanischen Streitkräfte her, lieferte Ersatzteile, stellte Wartung und andere Dienstleistungen. Die Angaben über die Zahl der Zulieferer aus der Privatwirtschaft schwanken zwischen 975 und 3.000 Firmen. 1986 waren 23.000 Menschen bei ARMSCOR beschäftigt; weitere 100.000 Arbeitsplätze in der Privatwirtschaft waren von der Rüstungsproduktion abhängig. Die Elektro- und Elektronikindustrie Südafrikas verdankte gar ihre Existenz den Aufträgen der Streitkräfte, sei es für Raketen-Lenksysteme, Radarstationen oder die Kommunikation. Obwohl die südafrikanische Propaganda stets hervorhob, die Regierung steigere die Eigenproduktion von Waffen und baue die Selbstversorgung aus, kommen zahlreiche Studien zu dem Schluss, dass ARMSCOR weiterhin Waffen und Material aus dem Ausland importierte – trotz des internationalen, ab 1977 für alle UN-Mitgliedsländer verbindlichen Rüstungsembargos. Der UN-Sicherheitsrat deckte 1983 die Wege auf, auf denen sich der Militärapparat weiter sein Rüstzeug für den Krieg gegen die Schwarzen besorgte: Ausländische Zulieferer leiteten Ausrüstungen über ein genehmigtes Drittland nach Südafrika; sie fälschten Ausfuhrgenehmigungen oder Deklarationen von Rüstungsgütern; in Südafrika nahmen zivile Scheinfirmen die verbotenen Güter für ARMSCOR in Empfang oder existierende Unternehmen kanalisierten Know How und verdächtige Gerätschaften weiter an den Rüstungskonzern. Unternehmen aus aller Welt meldeten überdies ihre Patente in Südafrika an. ARMSCOR und andere nutzten sie reichlich. Allein 1963 erlangte Südafrika 120 Lizenzen zur Herstellung militärischer Ausrüstungen aus dem Ausland. So waren viele angeblich südafrikanische Waffen tatsächlich bloße Kopien ausländischer Originale. Neben US-amerikanischen, britischen, französischen und israelischen Unternehmen haben auf diese Weise stets auch deutsche Firmen das Rüstungsembargo umgangen. ESCOM besaß ein Vermögen von über 35 Milliarden Rand (etwa 33,3 Milliarden Mark), SATS über 18 Milliarden Rand (17,1 Milliarden Mark), ISCOR knapp vier Milliarden Rand (etwa 3,8 Milliarden Mark), IDC knapp drei Milliarden Rand (etwa 2,9 Milliarden Mark) und ARMSCOR 1,7 Milliarden Rand (etwa 1,6 Milliarden Mark).

Zweifacher Nutzen – Einfacher Profit

Deutsche Unternehmen haben diesem militärisch-industriellen Komplex zugearbeitet, ihn mit wichtigen Gütern ausgestattet und auf diese Weise die brutale Unterdrückung der Schwarzen direkt unterstützt. Bereits im Jahr 1964 hatte die UNO auf Drängen ihrer afrikanischen Mitgliedsstaaten zu einem umfassenden Embargo von Waffen, Munition und Rüstungsproduktionsgütern gegen Südafrika aufgerufen. Während die Briten und US-Amerikaner ihre Waffenexporte tatsächlich einschränkten, avancierte Frankreich zum Hauptlieferanten von Miragejägern und Hubschraubern. Die Deutschen zogen es vor, in Deckung zu bleiben und trotzdem gute Geschäfte mit dem Regime in Pretoria zu machen. Deutsche Unternehmer betätigten sich in der Grauzone der sogenannten Dual-Use-Güter und verschleierten so ihre Waffendeals. Sie lieferten Produkte, die zweifachen Nutzen hatten, also sowohl militärisch als auch zivil anzuwenden waren, und wuschen ihre Hände in Unschuld. Neutrale Techniken wie Computer und Telefone wurden nicht nur von Privatleuten gebraucht, sondern auch von der Polizei, um die Pässe der Schwarzen auszustellen, die Townships zu überwachen oder Telefongespräche abzuhören. Südafrika war ein hochentwickelter Polizeistaat mit einem durchorganisierten Repressionsapparat. Darüber hinaus waren zur Herstellung komplizierter Waffensysteme Hunderte von Einzelteilen nötig, die ebenfalls häufig zivil, paramilitärisch oder militärisch genutzt werden konnten. Zu den Firmen, die Dual-Use-Güter herstellten und in Südafrika investiert haben, gehörten unter anderen Thyssen, MTU, AEG, Magirus-Deutz, VDO, Felten & Guilleaume, Orenstein & Koppel und Liebherr. Vor allem Siemens spielte in diesem Bereich eine wichtige Rolle. Angeblich hatte die Bundesregierung seit 1977, seit dem verbindlichen

UN-Waffenembargo gegen Südafrika, keine Genehmigungen mehr zur Ausfuhr von Waffen und Rüstungsgütern erteilt. Aber noch bis März 1978 konnten bundesdeutsche Rüstungsfirmen Patente und Lizenzen für ebensolche Güter an Firmen im Apartheidstaat vergeben. Ganz abgesehen davon, dass bei wohlwollender Auslegung Dual-Use-Güter – etwa LKWs von Magirus-Deutz und Unimogs von Mercedes-Benz – von vornherein nicht zu harten Rüstungsgütern gezählt wurden und weiter ganz legal die südafrikanische Armee erreichten. Und ganz abgesehen davon, dass bundesdeutsche Firmen später auch auf nuklearem und konventionell-militärischem Gebiet mit dem Regime kooperierten.

Die deutschen Geschäftemacher standen aber nicht allein mit ihrem „Engagement" in Südafrika, wie sie es selbst gern neutral nannten. Die Regierenden in Bonn, egal welcher politischen Couleur, gaben diesen und anderen Exporten ausdrücklich ihren Segen. Sie genehmigten Garantien und Bürgschaften im Rahmen der sogenannten Hermes-Versicherungen. Der Bund sprang ein, falls ein Geschäft im politisch unsicheren Südafrika platzen sollte. Diese Versicherungen wurden per Regierungsmandat von der Allianz Versicherungsgesellschaft betrieben. Darüber hinaus versicherte Hermes auch Exportkredite für die Empfänger deutscher Güter. Deutsche Banken wie die Ausfuhrkreditgesellschaft, die Dresdner Bank, die Bayerische Vereinsbank und die Kreditanstalt für Wiederaufbau wickelten diese Sicherheiten treuhänderisch für den Bund ab. Für Oktober 1982 wurden schon abgeschlossene und noch angebotene Hermes-Kredite zu drei Vierteln für Lieferungen an nur zwei südafrikanische Staatskonzerne gegeben, an ESCOM und SASOL. Auch wurden 70 Prozent aller versicherten Güter von nur sieben deutschen Konzernen abgedeckt. Dazu gehörten 1982 Brown, Boveri & Cie (die Mannheimer Tochter der Schweizer Firma); die Ausfuhrkreditgesellschaft mbH; die Siemens-Gruppe, einschließlich der Kraftwerk Union; die Mannesmann-Gruppe; die Gutehoffnungshütte-MAN-Gruppe, einschließlich Ferrostahl und Kirchfeld; die Deutsche Babcock-Gruppe, einschließlich Borsig, Balcke-Dürr und Büttner-Schilde-Haas-AG; die Linde AG. Auf den nächsten Rängen lagen L. & C. Steinmüller, die Hoechst-Gruppe, Deutsche Airbus, Klöckner & Co-Gruppe, EVT Energie- und Verfahrenstechnik, die GEA

Luftkühlergesellschaft Happel und die Metallgesellschaft (einschließlich Lurgi).
In den 60er Jahren fühlte sich die weiße Minderheit noch nicht existentiell bedroht. Nelson Mandela war gerade zum ersten Mal zu fünf Jahren Gefängnis verurteilt worden und saß auf Robben Island in Haft, als ein Schweizer Industrieller und eine südafrikanische Bank eine Gesellschaft zum Vertrieb von Mercedes-Benz PKW gründeten. Während das Regime die Untergrundkämpfer des ANC jagte, verbuchten deutsche Privatiers und Unternehmen Vermögenszuwächse im Wert von 65 Millionen Mark. Südafrika hatte als alliierte Streitmacht die deutschen Vermögen während des Zweiten Weltkrieges beschlagnahmt und gab sie nun zurück. Auch die Verurteilung von neun Oppositionellen, darunter erneut Nelson Mandela, zu lebenslanger Haft erschütterte die Investoren nicht im geringsten. Die Verzweiflung der schwarzen Bevölkerungsmehrheit ließ die deutschen Anleger kalt. 1966 übernahm die Daimler-Benz AG 26 Prozent des südafrikanischen Automobilherstellers United Car & Diesel Distributors und Mitte Juni 1967 verließ der erste in Südafrika hergestellte Mercedes 230 S das Werksgelände. Mercedes hatte sich den Verhältnissen angepasst. Weil das Apartheidregime – seiner Strategie zur Autarkie folgend – ausländische Industrielle angehalten hatte, den Anteil lokaler Fertigung bis Ende 1967 auf 55 Prozent anzuheben, hatten die Schwaben ihre südafrikanischen Aktivitäten vom Import auf Produktion in Südafrika selbst umgestellt.

SCHWARZER WIDERSTAND UND DEUTSCHES GELD

Mandelas zornige Erben: Der Schüleraufstand von Soweto

Die großen Werkshallen von Hoechst in Chamdor sehen nicht viel anders aus als die in Deutschland. Nur die Umgebung ist eine völlig andere. Wie häufig im weiten Land Südafrika, wo sich eine kleine Minderheit seit jeher Grund und Boden reserviert hat, liegen die Fabriken weit auseinander. Dazwischen leuchtet die rote Erde, wachsen ein paar verstaubte Büsche, an denen Plastiktüten im Wind wehen und knistern, als hätten sie etwas zu erzählen. Über allem hängt der Gestank der Chemiebetriebe von Chamdor, dem Gewerbegebiet 30 Kilometer nordwestlich von Johannesburg nahe der Kleinstadt Krugersdorp, einer Hochburg der rechtsextremen Buren. Außer der deutschen Tochtergesellschaft von Hoechst produzieren hier noch Sten Mulla, Chemico, Mobile und andere chemische Fabriken. Die meisten Arbeiter wohnen gleich nebenan, im Township Kagiso. Hier leben 300.000 Menschen auf engstem Raum. Wie üblich hatten die ebenso frommen wie rassistischen Machthaber dem elenden Wohngebiet einen Namen gegeben, den die Bewohner als zynische Verhöhnung empfanden. Kagiso bedeutet „Ort des Friedens". Dabei ist dieser Ort nichts anderes als ein trostloses Ghetto für die Reservearmee schwarzer Arbeiter.

Schon Premierminister Hendrik Verwoerd hatte der Industrie versichert: „Die Verwaltung wird natürlich darauf achten, dass ein gewisser Überschuss an Arbeitskräften besteht [...] aber es muss damit gerechnet werden, dass dieser Überschuss nicht allzu groß sein wird. [...] Es gibt einen Punkt, wo eine weitere Bereitstellung von Arbeitskraft gestoppt werden muss."[1] Dieser Balanceakt zwischen dem Bedarf der Industrie an billigem, flexiblem schwarzen „Humankapital" und der Angst der weißen Minderheit, die Geschundenen in ihre Nähe zu lassen und so auf Dauer ihre Privilegien gegenüber der Übermacht der

Schwarzen zu verlieren, bestimmte 50 Jahre lang die absurde Politik der territorialen Rassentrennung: Der größte Teil der schwarzen Bevölkerung wurde ausgebürgert und in die Homelands zwangsumgesiedelt; unproduktive Eingeborene wie Alte, Kinder und Frauen mussten in den meist unfruchtbaren Gebieten versuchen zu überleben; kräftige junge Männer durften in die Städte ziehen. Dort hausten sie in kasernenartigen, langgezogenen Baracken, die ihre Arbeitgeber angemietet hatten. In den abgewrackten Hostels, die sich „Wohnheime“ schimpften, lebten sie zusammengepfercht auf engstem Raum, pro Arbeiter eine Schlafkiste von vier Quadratmetern. Häuser durften sie erst mieten oder kaufen, wenn sie zehn Jahre lang für ein und denselben Arbeitgeber geschuftet hatten. Dann durfte auch ihre Familie nachziehen. Allerdings ohne Garantie; jeder Bewohner konnte jederzeit auch wieder in sein Homeland abgeschoben werden. Townships wie Kagiso waren ursprünglich als gigantische Arbeitslager angelegt. Dort drängten sich die schwarzen Familien in 30 Quadratmeter kleinen sogenannten Matchbox-Häusern zusammen. Die Schachtelhäuser bestanden aus unverputzten Steinwänden und waren mit einem Wellblech- oder einem Asbestdach versehen; es gab keinen Strom, kein warmes Wasser, keine Dusche, nur ein Toilettenhäuschen im Hinterhof. Matchbox reihte sich neben Matchbox in den schachbrettartig angeordneten, staubigen Straßen, manche durchfurcht von Rinnsalen aus überquellenden Abwasserkanälen. Hier gab es keine Blumen, kein Grün, nur ein paar öde Einkaufshallen, ein Stadion, ein paar Schulen – in jedem Falle aber Polizeistationen, von denen aus die zusammengepferchten Massen kontrolliert wurden – vor allem nachts, wenn die Scheinwerfer der hohen Leuchtmasten die Ghettos in gespenstisches, orangefarbenes Licht tauchten und der Qualm aus Zigtausenden Öfen die Sicht versperrte und die Luft verpestete.

Chamdor war „weißes“ Gebiet, der „weißen“ Stadt Krugersdorp zugehörig, aber die Gifte, Gase und üblen Gerüche aus den chemischen Fabriken zogen nach Kagiso, in die Lungen der Schwarzen. In Kagiso lebte auch Laurence Ntlokoa, den ich Anfang der 90er Jahre kennen gelernt habe. Da hatte er gerade große Schwierigkeiten mit seinem deutschen Arbeitgeber; Hoechst hatte ihn, einen Betriebsrat, entlassen. Laurence hat mir seine Lebensgeschichte erzählt, in seinem Matchbox-Haus in Kagiso. Wir saßen stundenlang in dem winzigen Wohnzimmer, das mit der großen, ausladenden Couchgarnitur und dem wuchtigen Schrank völlig zugestellt war – so wie alle Wohnzimmer in Townshiphäusern. Wenigstens die repräsentativen Möbel, die Häkeldeckchen und der Nippes aus Porzellan sollten ein kleines Stück Würde und Normalität darstellen. Laurence hatte zuerst zögerlich und vorsichtig erzählt, dann offener und direkter, immer aber mit innerer Distanz. Es ist die Geschichte eines „jungen Löwen". So wurde die Generation genannt, die unter der unbegrenzten weißen Vorherrschaft in den 60er Jahren aufwuchs und in den 70er Jahren unter Einsatz ihres Lebens gegen die Rassentrennung aufbegehrte. Es ist auch die Geschichte eines klugen und cleveren Mannes, der später in einem deutschen Unternehmen arbeitete.

Laurence' politische Biographie begann mit dem Schüleraufstand von Soweto 1976. Damals wollten die Buren ihre Sprache, das Afrikaans, als allgemeine Unterrichtssprache in den schwarzen Schulen einführen. „Ich hatte die meisten Fächer in Englisch gelernt", erklärt Laurence, „zum Beispiel Mathematik, Naturwissenschaften, Geographie, Physik und Geschichte. Ich war schon auf der höheren Schule und nun sollte ich Afrikaans ganz neu lernen – nicht als eine zusätzliche Fremdsprache, sondern als Unterrichtssprache!" Der damals 19jährige empfand dies als eine besonders perfide Schikane der Unterdrücker. Protestmärsche und Schulstreiks waren die Antwort der Schüler auf diese Provokation. Die Jugendrevolte dauerte Wochen. Am 16. Juni 1976 eskalierte sie. 10.000 schwarze Schüler und Schülerinnen demonstrierten im Township Soweto, sangen Kampflieder und zogen zum Fußballstadion. Polizisten versuchten, den Kindern den Weg abzuschneiden und den Protestzug aufzulösen. Daraufhin brach ein Tumult los. Laurence war als Funktionär einer christlichen Schülervereinigung dabei: „Die Polizei blockierte den Anfang des Marsches und die Menschen vorne schrien den anderen weiter hinten zu: ‚Haut ab!!!' Dann sprühten die Polizisten Tränengas. Das war das erste Mal, dass wir alle Tränengas spürten. Das war sehr hart. Zuerst brennt es im Hals, in der Nase, in den Augen und auf der Haut – alles schmerzt auf einmal. Du kannst nicht atmen. Und dann schmiss einer einen Stein auf die Polizei und es fielen Schüsse…" Solche Ereignisse erinnern viele Südafrikaner bis

Wir klagen die Konzerne an

Die Schülerin Violet Mapholohe Molekwa wurde während der Aufstände mit Polizeihunden gejagt und verhaftet. Man brachte sie zum Polizeipräsidium am John Vorster Square in Johannesburg. Sie wurde gefoltert und ihre Eltern wurden über den Verbleib ihrer Tochter zwei Wochen lang im Ungewissen gelassen. Nach ihrer Freilassung wurde Mapholohe Schülervertreterin in Orlando West, einem Stadtteil von Soweto. Sie wurde erneut verhaftet und drei Monate ohne Gerichtsverfahren inhaftiert. Wieder wurde sie gefoltert. Nach ihrer Freilassung war sie vier Monate auf der Flucht und wollte das Land verlassen. An der Grenze zu Swaziland wurde sie von der dortigen Polizei festgenommen, musste nach Südafrika zurückkehren und ging in den Untergrund.

Das Hochhaus am John Vorster Square in Johannesburg ist das Hauptquartier der südafrikanischen Geheimpolizei. In den siebziger Jahren war es Schauplatz mehrerer spektakulärer „Selbstmorde" von politischen Häftlingen, die seltsamerweise alle immer aus dem gleichen Toilettenfenster im siebten Stock des Gebäudes sprangen, so lauteten zumindest die offiziellen Polizeiberichte.

Thitha Natalia Makheta war 1976 Schülervertreterin in Soweto. Sie wurde während der Aufstände mehrfach inhaftiert und gefoltert. Sie konnte ihre Ausbildung nicht abschließen. Nachdem die Schülervertretung verboten wurde, nahm die Polizei Thitha und andere Jugendliche am 6. März 1979 fest. Jeden Morgen wurden sie verhört, schwer geschlagen und gefoltert. Am 11. Juli 1980 wurde sie entlassen.

Aussagen von Mitgliedern der Khulumani Support Group. Einige Mitglieder haben im Namen der gesamten Gruppe Ende 2002 in New York City Entschädigungsklage gegen sieben Banken und 13 multinationale Konzerne, darunter Deutsche Bank, Dresdner Bank und Commerzbank, DaimlerChrysler und Rheinmetall eingereicht. Die Apartheidopfer zeigten die Unternehmen der Mittäterschaft an, weil sie das Apartheidregime unterstützt haben.

ins letzte Detail. In kürzester Zeit stand ganz Soweto in Flammen; Steine flogen, Barrikaden wurden errichtet, lang aufgestaute Wut brach sich Bahn.

„Wir waren total wütend", erinnert sich Laurence nachdenklich und berichtet weiter ruhig und nüchtern: „Jeder war von den Ereignissen betroffen. Einer meiner Vettern wurde in die Beine geschossen – er ist bis heute ein Krüppel. Und dann wurden wir einfach wild. Wir haben Busse angegriffen, Anschläge auf Bierhallen gemacht, einen Supermarkt und die

Büros der Stadträte niedergebrannt, dieser korrupten Urban Bantu Councils. Wir nannten sie Useless Boys Club; wir hatten sie nie demokratisch gewählt. Auch ich habe Steine geschmissen."

Die Jugendproteste erfassten das ganze Land und der Apartheidstaat reagierte mit brachialer Gewalt. Nach offiziellen Angaben fanden 575 Menschen den Tod – die meisten durch Schüsse der Polizei. Soldaten marschierten in die Schulen und machten Jagd auf die jungen Befreiungskämpfer. Laurence überlegte wie viele seiner Altersgenossen, ob er ins Exil zum ANC fliehen sollte. Aber er blieb und ging in den Untergrund.

Wer half bei der Bombe? Die atomare Konspiration

Im Oktober 1975, noch vor dem Schüleraufstand in Soweto, erschüttert ein Skandal die Bundesrepublik: Die Anti-Apartheid-Bewegung, AAB, legt eine Dokumentation des African National Congress, ANC, vor, die jahrelange, enge, wissenschaftliche, wirtschaftliche und militärische Kontakte zwischen der Bundesrepublik und Südafrika auf dem Gebiet der Atomtechnik belegen. So kommt an die Öffentlichkeit, dass die Bundesregierung nicht nur Verbindungen zu einem Staat pflegt, der, wegen seiner empfindlichen Abhängigkeit von Öl und seiner reichen Uranvorkommen, Atomkraftwerke bauen will. Sondern dass die Westdeutschen auch behilflich sind, als dieser Staat die Bombe will. Um spaltbares Material für die militärische Nutzung zu gewinnen, braucht Südafrika eine Urananreicherungsanlage. Die geheimen Akten, die auf wundersame Weise aus der südafrikanischen Botschaft in Bonn verschwanden, belegen, dass sich südafrikanische Atomforscher und Experten der Gesellschaft für Kernforschung in Karlsruhe und der teilstaatlichen Essener Steinkohle-Elektrizitäts AG, STEAG, häufig gegenseitig besucht haben. Die beiden deutschen Institutionen verfügen über das nötige Know How zur Urananreicherung, das sogenannte Trenndüsenverfahren. Neben diesen spektakulären Enthüllungen wird außerdem bekannt, dass der höchste bundesdeutsche Vertreter bei der NATO, Bundeswehrgeneral Günter Rall, angeblich privat nach Südafrika geflogen ist und das Atomforschungszentrum Pelindaba inspiziert hat.

Der General wird entlassen, ansonsten verlegt sich die Regierung Helmut Schmidt auf Dementis. Jahrelange politische und juristische Auseinandersetzungen in den 80er Jahren haben letztlich nicht geklärt, in welchem Umfang deutsche Technologie Südafrika dabei geholfen hat, Natururan bombentauglich zu machen. Erwiesen ist aber, dass die STEAG intensive Geschäftsbeziehungen zu der südafrikanischen Uranium Enrichment Corporation (UCOR) pflegte und ein reger Austausch von Nuklear-Wissenschaftlern auf der Basis des Kulturabkommens zwischen der BRD und Südafrika stattfand. Die Bundesregierung bestätigte einen Vertrag zwischen STEAG und UCOR über eine Durchführbarkeits-Studie zur geplanten Urananreicherungsanlage in Südafrika, bestritt aber, dass die STEAG der UCOR eine Lizenz übertragen habe. Im § 7 Absatz 2 des Kriegswaffenkontrollgesetzes heißt es dazu: „Insbesondere können beschränkt werden 1. Die Aus- und Durchfuhr von Waffen und Kriegsgerät sowie von Gegenständen, die bei deren Entwicklung, Erzeugung oder Einsatz nützlich sind, und von Konstruktionszeichnungen und sonstigen Fertigungsunterlagen. [...] 4. Rechtsgeschäfte über gewerbliche Schutzrechte, Erfindungen, Herstellungsverfahren und Erfahrungen in bezug auf die unter Nummer 1 bezeichneten Waren und sonstigen Gegenstände."

Der Berliner Friedens- und Konfliktforscher Ulrich Albrecht von der FU Berlin nannte es 1979 eine provozierend verkürzende Auslegung des Gesetzestextes, dass die Bundesregierung die Durchführbarkeitsstudie nicht unter diesen Paragraphen subsumierte. Der Afrikanische Nationalkongress nahm anhand der Dokumente eine direkte und indirekte militärische und nukleare Zusammenarbeit zwischen der Bundesrepublik und Südafrika an. Siemens und Messerschmidt-Bölkow-Blohm, MBB, lieferten Trenndüsenelemente; MAN-Gutehoffnungshütte schickte Turboverdichter (mit denen Uranhexafluorid durch die Trenndüsenelemente gepresst wird) und ließ Patente für Wirbelrohre für die Isotopentrennung registrieren. Die Bundesregierung bestritt nicht, dass aus der Bundesrepublik Isotopen-Meßgeräte und eine Elektronenstrahl-Perforationsmaschine geliefert worden sind, behauptete aber, es handele sich um Zivilgeräte. Als *Beweis* für diese kühne Behauptung diente der Bundesregierung die Auskunft einer südafrikanischen Importfirma. Nach eigenen Recherchen ließ MAN im September und Oktober 1978 im südafrikanischen Patentamt mehrere eigene Patente für Wirbelrohre für die Isotopentrennung registrieren.

Leybold Heräus steuerte vakuumdichte und schnellschließende Großschieber bei, mit denen einzelne Abschnitte des Rohrleitungssystems zum Beispiel beim Austritt von Gas abgesperrt werden können. Fest steht auch, dass die Staatssekretäre aus dem Forschungsministerium, Hans-Hilger Haunschild, und aus dem Wirtschaftsministerium, Detlev Karsten Rohwedder, die Geschäftsbeziehungen aktiv unterstützt haben. Rohwedder etwa hatte in einem Brief an die südafrikanische Atomenergiebehörde eine „langfristige und für beide Seiten fruchtbare Zusammenarbeit" begrüßt.

Außerdem gestattete das Kulturabkommen zwischen der Bundesrepublik und Südafrika die Ausbildung südafrikanischer Naturwissenschaftler in deutschen Forschungsinstituten. In Artikel eins des Kulturabkommens heißt es: „Die Vertragsparteien werden bestrebt sein, (a) den Austausch von Hochschullehrern, Dozenten, Lehrern, Forschern, Studenten, Journalisten und anderen empfohlenen Personen, (b) die Zusammenarbeit zwischen wissenschaftlichen und kulturellen Einrichtungen und Zusammenschlüssen beider Länder zu erleichtern." Der Berliner Friedens- und Konfliktforscher Ulrich Albrecht kam 1980 zu dem Schluss, dass es kaum von Bedeutung sei, ob ein Austausch von Atomwissenschaftlern stattgefunden habe. Vielmehr sei bedeutsam, „dass durch dieses Abkommen ein Wissenschaftleraustausch in einem rüstungspolitisch so sensiblen Bereich wie der Nukleartechnologie als regierungsamtlich gefördert bewertet werden konnte."[2] Der deutsche Außenminister Hans Dietrich Genscher antwortete auf eine entsprechende große Anfrage von SPD-Abgeordneten und der Fraktion Die Grünen im Sommer 1985, „dass seit 1968 im Kernforschungszentrum Karlsruhe sechs südafrikanische Wissenschaftler vorübergehend bei Themen der kernphysikalischen Grundlagenforschung mitgearbeitet haben [...] Im Hahn-Meitner-Institut für Kernforschung, Berlin, haben seit 1980 vier südafrikanische Gastwissenschaftler in den Bereichen Schwerionenphysik, Strahlenphysik und -chemie mitgearbeitet." Das Auswärtige Amt stellte jedoch kategorisch fest, eine Ausbildung südafrikanischer Wissenschaftler auf dem Gebiet der Urananreicherung habe nicht stattgefunden.[3]

Im Juni 1976 gehen die Westdeutschen schließlich leer aus bei einem Milliardenauftrag für ein Atomkraftwerk, um den sich nach den aussichtsreichsten Bewerbern (der US-amerikanische Konzern General Electric und holländische Firmen) auch die Kraftwerk Union, KWU (Siemens), beworben hatte. Pretoria sei über die Bundesregierung „verärgert“, so hieß es, weil Genscher und Schmidt sich apartheidkritisch geäußert hatten. Die US-Regierung hatte bemängelt, dass Pretoria den Atomwaffensperrvertrag nicht unterzeichnen wollte. Also vergab die südafrikanische Regierung den Auftrag an ein französisches Konsortium (Framatec, Framatome, Alsthom und Spie-Batignolle).

Alle südafrikanischen Informationen über die Urananreicherungsanlage und den Bau von Atombomben stammen von der letzten weißen Minderheitsregierung unter Präsident Willem de Klerk. Bis heute ist zum Beispiel nicht erwiesen, ob am 22. September 1979 in der Nähe der Marion & Prince Edward Islands eine südafrikanische Atombombe explodierte oder ob dort eine israelische Bombe in Zusammenarbeit mit den südafrikanischen Behörden getestet wurde. Die de Klerk-Regierung beteuerte – bislang ohne Beweis –, die erste südafrikanische Bombe sei erst im November 1979 einsatzbereit gewesen. Südafrika soll mindestens sechs Atombomben gebaut haben.[4]

1993/94 sorgte die weiße Minderheitsregierung noch kurz vor den ersten demokratischen Wahlen dafür, dass sechs Atombomben vernichtet wurden, damit sie nicht in schwarze Hände fielen. Der Bestand hochangereicherten Urans wurde zwar später von der internationalen Atomenergiebehörde überprüft. Aber aufgrund des immer noch gültigen Protection of Information Act sehen sich südafrikanische Militärs und Wissenschaftler, die am Nuklearprogramm Südafrikas mitarbeiteten, nicht gezwungen, ihr Wissen zu veröffentlichen. Am 11. April 1995 trafen sich die Führer afrikanischer Regierungen in Kairo und unterzeichneten das Abkommen von Pelindaba. Dieses verbietet effektiv die Herstellung oder den Gebrauch von Atomwaffen auf dem gesamten afrikanischen Kontinent.

Zum Beispiel Siemens: Elektronik für das Militär

1977 stimmte die UNO in der Resolution 418 für ein obligatorisches Rüstungsembargo. In dem auch von der Bundesregierung beschlossenen Dokument heißt es, dass „alle Staaten ab sofort die Lieferung von Waffen und dazugehörigem Material aller Art nach Südafrika einzustellen haben, einschließlich des Verkaufs oder der Weitergabe von Waffen und Munition, von Militärfahrzeugen und –ausrüstungen, von paramilitärischer Polizeiausrüstung sowie von Ersatzteilen für die vorgenannten Gegenstände, und dass sie die Gewährung von Lizenzvereinbarungen für die Herstellung der vorgenannten Rüstungsgegenstände einzustellen haben."

Deutsche Konzerne ließen sich davon nicht weiter beeindrucken. Siemens zum Beispiel war in Südafrika schon lange heimisch. In den 50er Jahren hatte die Elektrofirma eine Verkaufsorganisation in Südafrika eröffnet und gehörte wenig später zu den größten Investoren. 1961 eröffnete Siemens eine Fabrik für Nachrichtentechnik in Pretoria, 1968 eine für Schaltanlagen und -geräte in Isando und 1971 eine dritte bei Rosslyn. Mitte der 70er Jahre produzierten 6.900 Siemens-Beschäftigte neben anderen auch sogenannte Dual-Use-Güter. In der Branchenzeitschrift *Wehrtechnik* nannte Siemens-Manager Kügler 1980 vier große „wehrtechnische" Gebiete des Konzerns: „Für das militärische Fernmeldewesen bieten wir die Vermittlung und Übertragung von Sprache, Text, Bild und Daten, sei es über Kanal oder Richtfunk sowie entsprechende Endgeräte; wir sorgen auch für die Sicherheit, d.h. für die Verschlüsselung von Nachrichten jeder Art. […] Zum zweiten großen Gebiet ‚Orten und Leiten' gehören Ziel- und Lenkmittel im Luftraum, auf See und auf dem Gefechtsfeld an Land. Grundelemente hierfür sind vor allem verschiedene Radarsysteme und die Optronik mit Laser-, Infrarot- und Wärmebildgeräten. Die Datenverarbeitung befasst sich mit Hard- und Software großer Rechenanlagen, Kompaktrechner und Mikrocomputer, […] an vierter Stelle stehen elektrische und elektronische Ausrüstung samt Stromerzeugung, die Regel- und Steuertechnik."[5]

Auffallend ist bei Siemens der hohe Anteil von Staatsaufträgen, seien es Turbinen für einen Staudamm, elektronische und elektrische Ausrüstungen für die Stahlwerke der ISCOR oder Signalanlagen für die Eisenbahn. Den engen Zusammenhang zwischen Siemens und dem Apartheidstaat offenbart ein Memorandum, das vier Elektrofirmen 1972 an die Regierung in Pretoria schickten. Darin erinnern sie daran, dass eine Kommission des Verteidigungsministeriums schon Mitte der 50er Jahre eben diese vier Firmen dafür auserkoren hatte, die elektronische Industrie in Südafrika zu entwickeln, zwei britische und zwei Siemens-Töchter. (Davon war eine inzwischen in den Besitz der britischen General Electric Company, GEC, übergegangen.) Der Staat sicherte ihnen vertraglich den Ausbau der südafrikanischen Post und Telekommunikation für zwei mal zehn Jahre (1957 bis 1977) „und in der Folge auch andere elektronische Projekte in der Verteidigung und für die Eisenbahn" zu. In dem Memorandum drängen die vier Firmen auf den Zugang zum Markt für Fernsehgeräte.[6] An einer der beiden auserwählten Siemens-Töchter, der Siemens South Africa (Pty) Ltd hielt Siemens über eine Holding in der Schweiz 52 Prozent und die staatliche Entwicklungsgesellschaft IDC 16 Prozent. Der Wirtschafts- und Sozialrat der Vereinten Nationen, UN-ECOSOC, kam 1985 in einer Untersuchung über transnationale Konzerne im Militär- und Atombereich Südafrikas und Namibias zu dem Schluss: „Wie die Radareinrichtungen teilen der zivile und militärische Sektor auch die telekommunikative Infrastruktur in Südafrika. [...] Das südafrikanische Militär und die Nukleareinrichtungen sind Hauptnutzer der offiziell der Post unterstellten Anlagen. [...] Vier südafrikanische Telekommunikationsfirmen, alle mit hoher ausländischer Beteiligung, haben die Hälfte ihrer Geschäfte mit dem South African Post Office gemacht. Das sind Siemens SA, [...] die Filiale der General Electric Corporation (GEC) und Plessey (beide Großbritannien), Philips produziert mobile Radios und Sicherheitssysteme (Niederlande), und die vierte ist eine Tochter von Altech, die früher teilweise zu ITT (USA) gehörte."[7]

„Eine solide elektronische Industrie ist für jeden Staat immens wichtig", zitiert die *Financial Times* den Vorsitzenden des Staatlichen Komitees für Elektronik, Francois de Villiers, bei der Eröffnung einer Siemens-Fabrik 1965, „sie ist auch der Schlüssel zu modernen Streitkräften."[8] Die Elektronik war einer der strategischen Wirtschaftszweige Südafrikas und stark geprägt vom Bedarf der staatlichen Rüstungsfirma ARMSCOR. Siemens hat an maßgeblicher Stelle den Herrschaftsapparat mit modernster Technologie ausgerüstet. Ein Indiz dafür sind auch die zahlreichen Patente, die Siemens in Südafrika registrieren ließ, zum Beispiel für superschnelle Datenübertragungssysteme, elektronische Verschlüsselungs- und Dechiffrierungssysteme sowie Abhöranlagen. Überdies war die südafrikanische Tochter zu 49 Prozent an dem Mikrochip-Hersteller South African Micro Electronic Systems, SAMES, beteiligt. Die IDC hielt die Mehrheit der Aktien. SAMES' Mikrochips waren klassische Dual-Use-Teile, gleichermaßen wertvoll für die Post wie für die Streitkräfte. Weil der Staat ein großes Interesse daran hatte, protegierte er SAMES durch Subventionen und Schutzzölle; nur so überlebte das Unternehmen wirtschaftlich. Als die Vergünstigungen Anfang der 90er Jahre wegfielen, verkaufte Siemens seine Anteile. Außerdem war Siemens zu 80 Prozent an der belgischen Holding GTE Altea beteiligt. GTE hatte über die südafrikanische Altech Group gute Kontakte zum militärischen Forschungszentrum CSIR.

Siemens lieferte nicht nur die seinerzeit modernste Telefonanlage für das Hauptquartier der südafrikanischen Streitkräfte, sondern auch die Radarüberwachung und weitere Elektronikausrüstung für das neue militärische Nachrichtenzentrum des Marinestützpunktes in Simonstown, nahe Kapstadt. Die Briten hatten den Südafrikanern diesen Stützpunkt überlassen, damit sie von dort die Schifffahrtsroute um das Kap für die Versorgung des Westens mit Öl und Rohstoffen sichern konnten. In den späten 60er Jahren installierte die südafrikanische Marine das computergesteuerte Nachrichten- und Kontrollsystem Advokaat. Es war in der Lage, Schiff- und Flugzeugbewegungen vom Südpol bis nach Indien zu überwachen. Telefunken lieferte die Hardware, Siemens schickte allein im Jahr 1970 Anlagen im Wert von drei Millionen US-Dollar. Auch AEG und MAN waren mit von der Partie. (1985/86 erwarb Daimler-Benz die Aktienmehrheit an der AEG.) Sämtliche Ersatzteile wurden mit Hilfe des Materialamtes der Bundeswehr kodifiziert, das heißt mit den entsprechenden NATO-Nummern versehen. 1973 wurde Advokaat an das NATO-Kommunikationssystem angeschlossen. Dass Siemens massiv mit dem südafrikanischen Militär zusammenarbeitete, erkannten auch die USA. 1986 belegten sie den deutschen Elektronikkonzern ihrerseits mit einem Importverbot, weil ihre nationalen Sanktionen gegen die Apartheid vorsahen, Unternehmen zu boykottieren, die mit Pretoria kollaborierten.

Die *Afrika-Post,* das Blatt der bundesdeutschen Pro-Apartheidlobby, zählt nur die „zivilen" Geschäftsfelder des „Hauses Siemens" auf und lobt: „Aus dem Geschäftsbericht 1978/79 von Siemens South Africa gehen stolze Zahlen hervor. Das Unternehmen steigerte seinen Umsatz um 14 Prozent. [...] Der Gewinn nach Steuern betrug [...] 41 Prozent mehr als im Vorjahr. [...] Siemens ist mit seinem Technologieangebot beteiligt am Ausbau des südafrikanischen Kohlebergbaus, an der Errichtung neuer Kraftwerke durch ESCOM, an SASOLs zukunftsweisenden Öl-aus-Kohle-Anlagen, an der Elektrifizierung der SAR Eisenbahnen und bei der Einführung elektronischer Telekommunikationssysteme. [...] Die Zukunftsaussichten werden sehr positiv beurteilt. Der Auftragsbestand reicht bereits weit in dieses Jahrzehnt hinein."[9] In der Tat: Die Kraftwerk Union, KWU, eine 100prozentige Siemens-Tochter und seinerzeit das drittgrößte Kraftwerksunternehmen der Welt, belieferte über viele Jahre die Kraftwerke von ESCOM mit Generatoren und Turbinen und trug so wesentlich zur Versorgung des Regimes mit Energie bei. Allein im Oktober 1982 hatten sich die von der staatlichen Hermes-Versicherung abgesicherten Kredite aller Siemens-Gesellschaften (also auch KWU) auf 1,8 Milliarden Mark summiert. Insgesamt entfallen von Mitte der 70er bis in die frühen 80er Jahre 13 Prozent der Hermes-Garantien für Südafrika auf Siemens.

Nach außen hin gab sich Siemens wie viele andere deutsche Unternehmen liberal. Über Jahre hinweg betonten sie immer wieder, dass sie im Grunde eine Veränderung der Rassentrennung wünschten. Über Jahre hinweg legten sie jeden Winkelzug der Apartheidregierung als einen hoffnungsvollen Schritt in Richtung Reformen aus.

Goldgrube für Investoren: Die 70er Jahre

Die rabiaten Reaktionen der südafrikanischen Sicherheitskräfte auf die Schülerproteste in Soweto und anderen Townships riefen 1976 weltweit Empörung hervor. Der UN-Sicherheitsrat prangerte in einer Resolution die Verbrechen von Soweto an. Die UN-Vollversammlung hatte bereits 1973 die wichtige Resolution 3068 verabschiedet, in der sie die Apartheid als Verbrechen gegen die Menschheit verurteilte. In Paragraph zwei heißt es: „Die Staaten, die dieses Abkommen unterstützen, bezeichnen diejenigen Organisationen, Institutionen und Individuen, die das Verbrechen der Apartheid begehen, als kriminell.“ Nach dieser Aussage mussten (und müssen bis heute) auch die Kreditinstitute und Unternehmen, die den Apartheidstaat ausrüsteten, als Helfer bei unsittlichen Geschäften bezeichnet werden. In den USA wurden denn auch die Forderungen nach Abzug der Investoren aus Südafrika immer lauter; ein Senatsausschuss nahm die Kollaboration von General Motors und IBM mit dem Apartheidregime kritisch unter die Lupe.

Auch wirtschaftlich hatten die blutigen Unruhen – die ersten größeren seit Sharpeville 16 Jahre zuvor – zunächst negative Folgen: Der Wert der Goldaktien stürzte in den Keller, Experten rieten von Investitionen ab, die Regierung drosselte den Ölverbrauch und verhängte Einfuhrbeschränkungen. Erschwerend für das Regime kam hinzu, dass sich der Kreis der befreundeten Staaten nördlich von Südafrika gelichtet hatte. Nach der Nelkenrevolution in Portugal hatten Mosambik und Angola 1975 die Unabhängigkeit erlangt. Außerdem hatten 100.000 schwarze Hafenarbeiter bereits 1973 in Durban erfolgreich für bessere Löhne gestreikt und im Jahr des Schüleraufstandes, 1976, protestierten 500.000 Arbeiter mit landesweiten Streiks gegen die Apartheidgesetze. Danach hatten sie die ersten unabhängigen schwarzen, aber offiziell nicht anerkannten Gewerkschaften gegründet. Die Zeit der lähmenden Ruhe nach dem Verbot des ANC, die Totenstille der Repression und der erzwungene Arbeitsfriede in den Betrieben neigten sich dem Ende zu.

„Prinzip Hoffnung“ titelte dagegen das Wirtschaftsmagazin *Capital* im September 1976: „Die blutigen Zwischenfälle im Negervorort Soweto sind längst nicht beigelegt, und der Aufruhr droht auf andere Städte überzugreifen. Die deutschen Investoren aber geben sich vorerst noch gelassen.“[11] Und drei Monate später schrieb dieselbe Zeitschrift: „Überlebenstraining – Arbeitslosigkeit, blutige Unruhen in den Negerstädten und heftige ausländische Kritik an der amtlichen Rassenpolitik addieren sich in Südafrika zur schwersten Krise seit dem Burenkrieg. Doch die Statthalter in den 400 deutschen Firmenfilialen und Zweigwerken vor Ort fühlen sich für alle Wechselfälle gerüstet." Warum sollten sie auch das Land verlassen? Gerade ein Jahr zuvor hatten die Bundesrepublik und Südafrika ein Abkommen zur Vermeidung der Doppelbesteuerung rückwirkend ab 1965 unterzeichnet. „Südafrika ist noch für 10 bis 20 Jahre ein hervorragender Markt. Prekär würde es erst, wenn das Land weiter unterwandert und in kommunistische Hand geraten würde", zitiert *Capital* den Vorstandsvorsitzenden von Klöckner-Humboldt-Deutz, Bodo Liebe. „Voll guter Hoffnung hält daher auch Hoechst-Direktor Arno L. Baltzer an der Langfrist-Strategie des Konzerns fest: ‚Alle Projekte werden nachhaltig verfolgt.'"[12]

Die chemische Industrie: Stoffe für die Autarkie

Die chemische Industrie war, ebenso wie die Automobilindustrie und die Elektrotechnik, schon früh ans Kap gezogen. Von den drei IG Farben-Nachfolgern engagierten sich die Farbwerke Hoechst seit 1957 am stärksten in Südafrika. Allein drei südafrikanische Tochterunternehmen produzierten in vier Fabriken Dispersionen für die Farben- und Kunststoffherstellung, Schädlingsbekämpfungsmittel und Arzneimittel. Hoechst ging mit zahlreichen weiteren südafrikanischen Unternehmen Joint Ventures ein, etwa zur Produktion von Ferrosilizium, Graphitelektroden und Kosmetika. Der Transfer von Technologien in diese südafrikanischen Partnerfirmen stand an zweiter Stelle der Hoechst-Investitionen. Dabei standen die African Metals Corporation (AMCOR) und der Stahlkonzern ISCOR an der Spitze. 1969 gründete Hoechst zusammen mit dem alteingesessenen burischen Chemiehersteller Sentrachem paritätisch die Firma Safripol, die in Sasolburg Hochdruckpolyäthylen und Polypropylen produzierte. „Südafrika verdankt seine Unabhängigkeit in Sachen Chemie weitgehend Sentrachem", heißt es in einer Werbeanzeige. „Lokal produzierte chemische Rohstoffe und Produkte der Sentrachem-Gruppe decken praktisch jeden Bedarf von strategischer Bedeutung ab. Das Unternehmen hilft dem Land jedes Jahr, Millionen von Devisen zu sparen und durch Export einzunehmen. Jahr für Jahr erreicht Sentrachem spektakuläre Wachstumsraten."[13] Nach eigenen Angaben spielte Hoechst eine Schlüsselrolle in der Wiederaufbereitung der Abraumhalden der Goldminen, um aus ihnen Gold und Uran zu gewinnen. Die Vorläuferfirmen von Sentrachem hatten während der Kriegsjahre auch Sprengstoffe und Giftgase hergestellt. Vorwürfe, dass deutsche Chemiefirmen in Südafrika chemische Kampfstoffe herstellten, konnten nie belegt werden.

Die zweite IG-Farben Nachfolgerin, BASF, unterhält bis heute in Südafrika nur drei Verkaufs- und Vertriebsbüros mit rund 250 Beschäftigten. Die BASF verkauft Chemikalien (Polymere, Textilfarben, Pigmente und Farbstoffe), Pharmazeutika (Vitamine und Haarschutzsubstanzen), Lacke (Farben, Harze) sowie Chemikalien zum Gerben und Veredeln von Leder. Die BASF gehört zu den herausragenden Lieferanten dieser Grund- und Industriechemikalien. Die deutschen Mütter von Hoechst und Bayer beliefern regelmäßig südafrikanische Firmen, etwa SASOL.

Zum Beispiel Bayer: Gift für die Arbeiter

Bereits 1976 beantragte die Bayer-Tochter Chrome Chemicals ein Darlehen über 600.000 Rand (etwa 1,7 Millionen Mark) bei der staatlichen Entwicklungsgesellschaft IDC zur Finanzierung der ersten Phase eines längerfristigen Expansionsprogramms. Dem Antrag wurde stattgegeben. Der Zinssatz sollte mindestens acht und höchstens zwölf Prozent betragen; zwischen 1.1.1979 und 1.1.1982 sollte der Kredit getilgt werden. Die Investitionsspritze hatte offenbar Erfolg. Bayer „ist an nicht weniger als acht Gemeinschaftsgesellschaften zwischen 50 und 90 Prozent beteiligt, die Anteile werden durchweg von der Bayer Foreign Investment, einer kanadischen Holding, gehalten", schrieb die *Frankfurter Allgemeine Zeitung* im Mai 1983. „Interessant an der Bayer-Palette" fand die Zeitung „neben Pflanzenschutz und Kautschukchemikalien für die Reifenindustrie vor allem die Chromchemie, die auf einer eigenen Chromerzmine" in Rustenburg aufbaute.[14] Erst Anfang der 90er Jahre wurde publik, was die „interessante" Produktion der hundertprozentigen Bayer-Tochter Chrome Chemicals genau umfasste, welche Nebenwirkungen sie hatte und auf wessen Kosten sie stattfand.[15]

15 Kilometer südlich von Durban, in Merebank, stellten 260 Arbeiter Natriummonochromat, Natriumbichromat, Chromgerbsalze und Natriumsulfat her; Substanzen, die hochgiftig und gewebeschädigend sind. Bei der Produktion entstehen chromhaltige Stäube, die durch die Atemwege und die Haut in den Körper eindringen. Die Folge sind Schleimhautentzündun-

gen mit Absonderungen, Krämpfe in den Bronchien und Hustenanfälle, Nasenscheidewandgeschwüre und -perforationen, Hautgeschwüre bis hin zum Lungenkrebs, der in Deutschland als Berufskrankheit anerkannt ist. All dies wurde erst publik, als am 30. April 1991 überraschend wesentliche Betriebsteile geschlossen wurden; von 260 Beschäftigten wurden 215 entlassen. Grund der Schließung war der wachsende Druck aus dem Ausland. Ende 1990 hatte die deutsche Initiative Coordination gegen Bayer-Gefahren Informationen erhalten, dass in dem Betrieb katastrophale Arbeitsbedingungen herrschten und viele Arbeiter erkrankt seien. Daraufhin versuchte die Initiative, einen südafrikanischen Betriebsrat auf die Hauptversammlung des Konzerns einzuladen; das scheiterte an der Intervention der arbeitgeberfreundlichen IG-Chemie, die den Besuch hintertrieb.

So kam das ganze Ausmaß der Affäre erst anderthalb Jahre später ans Licht. Im April 1992 trägt der Arzt Mark Colvin den Fall Chrome Chemicals dem Topmanagement und den Aktionären auf der Hauptversammlung in Deutschland vor. Nach der Teilschließung des Werks hatte der Arzt von der Industrial Health Unit der Universität Natal die werksinternen Krankenblätter der entlassenen Arbeiter erhalten und ausgewertet. Seine Ergebnisse offenbarten einen unglaublichen Skandal: Von 126 Beschäftigten hatten über die Hälfte entweder ein Geschwür oder ein Loch in der Nasenscheidewand. Darüber hinaus berichteten fast alle von weiteren typischen Beschwerden: schwere chronische Nebenhöhlenentzündungen, Nasenbluten, verstopfte Nasen und ein pfeifendes Geräusch beim Atmen. Weiter stellte sich heraus, dass drei schwarze Arbeiter und fünf der insgesamt nur 25 weißen Arbeiter an Lungenkrebs gestorben waren. Colvin fand auch heraus, dass eine südafrikanische Regierungskommission bereits 1976 festgestellt hatte, dass „75 Prozent der Arbeiter aktive Verletzungen der Nasenluftwege und 46 Prozent eine vollständige Perforation der Nasenscheidewand aufwiesen. [...] Diese Erkenntnisse werden als äußerst besorgniserregend angesehen und könnten darauf hinweisen, dass das physische Wohlergehen der Arbeiter zu wenig berücksichtigt wird." Der Befund blieb ohne Konsequenzen; in 15 Jahren hatte sich offenbar kaum etwas geändert.

Der Arbeiter Bani zum Beispiel wurde im Juni 1968 im Alter von 39 Jahren bei Chrome Chemicals eingestellt. Der Betriebsarzt teilte ihm 1988 nach einer Röntgenuntersuchung mit, dass „etwas mit seiner Lunge nicht in Ordnung“ sei. Der Arzt wollte ihn zu einer Operation überweisen. Bani lehnte das ab und wurde Ende August aus gesundheitlichen Gründen frühverrentet und nach Hause geschickt. Seine Frau beschrieb seine Verfassung: „Er hatte keine Nasenscheidewand mehr. Er hustete Blut und konnte kaum laufen, da in seinen Fußsohlen viele kleine Wunden waren. An seinen Armen hatte er viele Geschwüre. Eine weitere Röntgenaufnahme zeigte, dass nur ein kleiner Teil seiner Lunge noch gesund war. Bani starb ein Jahr nach seinem Ausscheiden, im September 1989, laut Totenschein an Lungenkrebs oder Tuberkulose. Sein Kollege Hlongwa arbeitete 25 Jahre, von 1963 bis Anfang 1988, für das deutsche Bayer-Zweigwerk. Seine Frau lebte im Homeland Kwa Zulu, 140 Kilometer von Durban entfernt, und berichtete: „Mein Mann sagte mir, dass ihm der Betriebsarzt nach einer Röntgenuntersuchung mitgeteilt hätte, dass mit seiner Lunge etwas nicht in Ordnung sei. Der Arzt schickte ihn ins Krankenhaus. Dort wurde er operiert. Sie sagten uns, dass etwas aus seiner Lunge entfernt worden wäre. Genaueres wissen wir nicht. Nach seiner Operation ging er zurück in sein Wohnheim. Arbeiten konnte er nicht mehr. Nach einem Monat kam er nach Hause. Nach drei Wochen starb er hier. Er klagte immer über Schmerzen in der Brust, er hatte starke Schmerzen beim Essen, hustete schmutzigen Schleim und er hatte keine Nasenscheidewand mehr. Die einzige Medizin erhielt er vom Betriebsarzt. Als die nicht mehr half, kam er ins Krankenhaus.“ Auf dem Totenschein steht: „natürliche Ursachen.“

Arbeitervertreter erzählten einem Vertreter der Coordination von den katastrophalen Produktionsbedingungen bei der Bayer-Tochter. Die von der Internationalen Arbeitsorganisation, ILO, geforderten Sicherheitsstandards wurden äußerst lax gehandhabt: Die Arbeiter erhielten minderwertige, dünne Staubmasken aus Papier (so dass sie oft bis zu fünf Stück übereinander tragen mussten), dünne, durchs häufige Waschen durchlässig gewordene Overalls und keine eng anliegenden Handschuhe, so dass Chromstaub an ihre Hände gelangen konnte. Auch wurde ihre persönliche Arbeitskluft nicht regelmäßig überprüft. In den Werkshallen fehlten die Entlüftungsanlagen, die Maschinen wurden selten gewartet und die Arbeitervertreter über die Ergebnisse von Messungen nicht informiert. Merkwürdig genug: Der Sicherheitsbeauftragte kam nie persönlich in die Werkshallen; der Betriebsarzt führte bei den regelmäßigen Untersuchungen genau Buch darüber, wie sich der Gesundheitszustand der Arbeiter Jahr für Jahr verschlechterte, aber er wechselte nur sehr selten ein Wort mit ihnen. Die Zeugnisse der Arbeiter legten einen schrecklichen Verdacht nahe, nämlich „dass die Krankenstation nicht dem Wohl der Arbeiter diente, [...] sondern einzig und allein als Frühwarnsystem für die Firma fungierte: Sobald ein Arbeiter ernstlich erkrankt war (damit ist im wahrsten Sinne des Wortes todkrank gemeint), konnte dies vom Unternehmen rechtzeitig bemerkt, der Arbeiter entlassen und in sein weit entferntes Zuhause geschickt werden." Als Mark Colvin den Skandal in Südafrika und auf der Bayer-Hauptversammlung in Deutschland 1992 publik machte, verlegte sich der Chemiegigant auf die übliche Strategie: Abstreiten und das Gegenteil behaupten, die Presse beschimpfen und Kritiker einschüchtern. Bayer betonte, dass die Arbeitsschutzstandards in Südafrika denen der Bundesrepublik entsprächen, dass die bedauerlichen Krankheitsfälle aus der Zeit vor der Übernahme des Werkes durch Bayer datierten (vor 1974) und dass sie seitdem drastisch abgenommen hätten. Dem widersprachen die eindeutigen Befunde des Arztes Colvin im Jahr 1991.

Derweil bediente sich der Konzern weiter der Apartheidgesetze, wonach die Entscheidung über die Entschädigung bei Berufskrankheiten dem sogenannten Workmen's Compensation Fund oblag. Diese staatliche Entschädigung betrug 50 bis 100 Mark pro Arbeiter. Außerdem erhandelte die südafrikanische Chemiearbeitergewerkschaft, CWIU, für die Entlassenen, unabhängig von ihrem Gesundheitszustand, eine einmalige Abfindung in Höhe von fünf Wochenlöhnen pro Arbeitsjahr. Alle weiteren Forderungen – etwa Nachforschungen nach früheren Fällen von Lungenkrebs – verliefen im Sande. Eine Strafanzeige gegen Bayer in Deutschland haben die Gerichte abgewiesen, weil Bayer Deutschland auf die 100prozentige Tochter in Südafrika keinen Einfluss habe. Auch nach südafrikanischen Gesetzen konnte keine Entschädigung für die Arbeiter erstritten werden. Der krisenerprobte Konzern hatte wieder einmal einen

Skandal erfolgreich ausgesessen. Die Chromgerbstoffanlage von Chrome Chemicals in Merebank produzierte weiter und erhöhte ihre Produktion, als die Fertigung im heimischen Leverkusen 1998 eingestellt wurde. (Im selben Jahr eröffnete Bayer in einem Gemeinschaftsunternehmen mit der südafrikanischen Sentranchem – inzwischen Dow Chemicals – die weltgrößte Chromfabrik in Newcastle. Die neue Gesellschaft heißt Chrome International South Africa. Die 112 Millionen US-Dollar teuren Anlagen stellen Grundchemikalien, 70.000 Tonnen Natriumdichromat und 11.000 Tonnen Chromsäure pro Jahr her und sind seit dem Jahr 2000 in Betrieb. Die südafrikanische Gewerkschaft wurde zu keinem Zeitpunkt über die Pläne informiert. Derzeit sind insgesamt 1.500 Südafrikaner bei Bayer in fünf Produktionsstätten beschäftigt.)

Mandelas zornige Erben kämpfen weiter

Trotz ihrer grundsätzlich optimistischen Haltung fürchteten die deutschen Exporteure nach 1976, dass Bundeskanzler Helmut Schmidt nach den schockierenden Fernsehbildern von Polizisten, die wehrlose schwarze Kinder in Soweto niederknüppelten, die staatlichen Kreditbürgschaften sperren würde. Diese Maßnahme würde den Handel politischen Kriterien unterwerfen, warnten sie, und das wiederum würde die Geschäfte empfindlich stören. Aber die Kaufleute konnten sich auf den kühl rechnenden Sozialdemokraten verlassen. Mitte der 70er Jahre hatte die Bundesrepublik die USA als Handelspartner Südafrikas überrundet. Und Südafrika war seinerseits zum drittgrößten nichteuropäischen Handelspartner der BRD aufgestiegen, nach den USA und dem Iran. Diese Position mochte auch das Gespann Schmidt/Genscher nicht gefährden. Zwar beschlossen sie Ende 1977, die bornierten Buren für ihre rassistische Politik ein wenig zu bestrafen und die Handelsbeziehungen ein wenig zu erschweren. Die BRD versicherte von Staats wegen künftig nur noch Exportgeschäfte im Wert von bis zu 50 Millionen Mark – eine Klausel, die weniger der Moral als dem erhöhten Investitionsrisiko geschuldet war. Dennoch genehmigte Wirtschaftsminister Otto Graf Lambsdorff „Ausnahmen" – langfristige Garantien für Firmen, die am Bau dreier südafrikanischer Kohlekraftwerke in Matimba, Tutuka und Lethabo beteiligt waren; unter ihnen Mannesmann, BBC, MAN, Siemens und

KWU. Insgesamt stieg der Wert der deutschen Exporte zwischen 1977 und 1980 um gewaltige 78 Prozent, von 2,5 Milliarden auf 4,6 Milliarden Mark.

Laurence Ntlokoa, der später bei Hoechst Südafrika Vertrauensmann werden sollte, war nach dem Aufstand von Soweto auf der Flucht. Dabei hatte er zunächst Glück im Unglück. Seine Organisation, die Young Christian Students, unterstützte ihn mit 85 Rand (etwa 246 DM) monatlich und bezahlte seine Fahrkosten. So fand er monatelang in verschiedenen Städten Unterschlupf, im September 1976 in der Transkei an der Südküste, im Oktober an der Südostküste in Durban, im November im Nordosten in Pretoria, im Dezember im Südwesten in Kapstadt, im Januar 1977 wieder in Pretoria ... „Ich war in Kirchen, in Hotels, in Familien. Ich war immer unterwegs. Wenn ich meine Freundin oder meine Familie sehen wollte, musste ich mich ins Township schleichen. Das war schon komisch manchmal. Ich war hinten auf der Ladefläche eines offenen Pick-Ups unter einer Decke versteckt. Der drehte dann seine Runden durch die Straßen. Ein anderes Auto holte meine Mutter zu Hause ab und dann trafen wir uns in irgendeinem Haus, sprachen zehn Minuten – ja, mir geht's gut – und dann musste ich sie schon wieder verlassen." 13 Monate konnte der junge Löwe der Polizei entwischen.

In dieser Zeit war er einer von unzähligen jungen Männern, die als Terroristen verfolgt wurden. Prominentestes Opfer des Regimes war Steve Biko, der mit seinem Black Consciousness Movement den Widerstandsgeist der Jugendlichen angefacht und ihrem Selbstbewusstsein Flügel verliehen hatte. Im August 1977 wurde er zum wiederholten Mal ohne Gerichtsverhandlung inhaftiert und verhört. Einen Monat später gab die Polizei bekannt, er sei „im Gefängnis gestorben". In Wahrheit hatten sie den schwarzen Intellektuellen, der niemals zur Gewalt aufgerufen hatte, zu Tode gefoltert. Im selben Monat wurde Laurence Ntlokoa in Springs, einer Kleinstadt östlich von Johannesburg, gefasst. Man brachte ihn zur Polizeistation von Kagiso und dann weiter zu einer Spezialeinheit der Polizei nach Krugersdorp. Laurence hatte schon von dem berüchtigten vierten Stock des Gebäudes gehört. Sie brachten ihn zum Verhör dorthin, in einen kahlen Raum. „Sechs Polizisten haben mich eine ganze Schicht lang beobachtet. Danach haben sie mich mit Handschellen an die Heizung gefesselt und ich musste die ganze Zeit stehen. Keiner stellte eine einzige Frage. Aber die Bewacher passten auf, dass ich nicht einschlief. Ich musste die ganze Zeit auf den Füßen stehen. Als Folterinstrument hatten sie zwei Nadeln. Am zweiten Tag schwollen die Füße an, und wenn ich einschlief, dann stachen sie mit einer Nadel hinein und ich war wieder wach. Sie wechselten die Schichten – sieben Tage lang. Ich war sieben Tage und Nächte ohne Schlaf. Am siebten Tag brachten sie mich in ein Büro und sagten, ich müsste eine Stellungnahme abgeben. Und man kann sich vorstellen – da hatte ich schon Halluzinationen. Sie schrieben ein Statement auf und ich weiß bis heute nicht, was ich da gesagt habe.“ Danach kam er monatelang in Isolationshaft.

Nach 14 Monaten wurde der junge Mann ohne Begründung aus dem Gefängnis entlassen. Auf dem Weg nach Hause parkten die Polizisten den Wagen unter einem Baum, holten ein langes Dokument hervor und lasen vor: „Es war die Verfügung eines Hausarrestes für fünf Jahre. Vom Justizminister unterschrieben! Arrest im Hause meiner Großmutter! Das bedeutete: von montags bis freitags Ausgangssperre zwischen sechs Uhr abends und sechs Uhr morgens. An Wochenenden und Feiertagen galt der Arrest 24 Stunden. Außerdem war mir verboten, zu arbeiten und den Bezirk Krugersdorp zu verlassen. Niemand durfte mich zu Hause besuchen und ich durfte nicht mit mehr als zwei Menschen gleichzeitig sprechen, sonst wurde das als Versammlung angesehen.“ Laurence Ntlokoa konnte den traurigen Rekord vermelden, mit 21 Jahren der jüngste unter Hausarrest gestellte Südafrikaner zu sein. Er durfte nicht zur Schule gehen, sich nicht einmal in einem Schulgebäude aufhalten, er durfte nicht an Zeitungen schreiben und seinerseits nicht zitiert werden. Der Bann setzte ihm mehr zu als das Gefängnis. „Das Schlimme war: Ich wurde mein eigener Bewacher, das ist ungeheuer schwierig.“

Bann bedeutete auch ständige Überwachung durch Polizisten, die in einem Auto vor dem Haus saßen und jede Bewegung beobachteten. Laurence versuchte, sich zu Hause zu beschäftigen. Er lernte Gitarre spielen, machte per Fernstudium einen Schulabschluss und baute im Hinterhof des Hauses seiner Großmutter eine Hütte, in der er mit seiner Freundin lebte.

Wir klagen die Konzerne an
Sipho Bonaventure Malaza war Mitglied im Black Consciousness Movement of Azania. Er wurde 1977 im Gefängnis in Krugersdorp interniert. Er wurde gefoltert und starb während der Haft. Man fand ihn an einem Gürtel erhängt in der Zelle. Die offizielle Untersuchung kam zu dem Ergebnis, Sipho habe Selbstmord begangen. Die Obduktion erbrachte Spuren von Folterungen. Die beteiligten Polizeibeamten sind bekannt.
Makopi Beatrice Mogera wurde 1978 verhaftet, als man ihren Bruder, einen Aktivisten, nicht in ihrem Haus finden konnte. Sie war schwanger. Die Polizisten zogen ihr die Kleider aus und zwangen sie, nackt vor ihnen hin und her zu marschieren, während sie sich über ihren dicken Bauch lustig machten. Wenn sie sich weigerte, wurde sie geschlagen. Erst mit der Geburt ihres Kindes hörte die Pein auf. Makopi leidet an Sprachproblemen, starken Kopfschmerzen und Gedächtnisverlust. Ihre Ehe zerbrach. Bis heute muss sie Medikamente nehmen.
Makopi Beatrice Mogera und William Bhekuzumi Malaza, der Bruder von Sipho, sind Mitglieder der Khulumani Support Group. Einige Mitglieder haben im Namen der gesamten Gruppe Ende 2002 in New York City Entschädigungsklage gegen sieben Banken und 13 multinationale Konzerne, darunter Deutsche Bank, Dresdner Bank und Commerzbank, DaimlerChrysler und Rheinmetall eingereicht. Die Apartheidopfer zeigten die Unternehmen der Mittäterschaft an, weil sie das Apartheidregime unterstützt haben.

Im April 1981 hatte er genug von allem und wollte mit Kate und seinem neugeborenen Sohn Tongo das Land verlassen. Aber ein Informant verriet sie, und wieder wurde Laurence Ntlokoa verhaftet … Wie hat er das alles nur ausgehalten?

„Immer wenn ich im Gefängnis war, sagte ich mir: Du bist nicht der einzige. Du leidest für eine gerechte Sache. Ich glaube, wenn unser Kampf nur eine Frage der Politik gewesen wäre, oder eine Frage der Ideologie, Kapitalismus gegen Sozialismus, Marxismus, dann hätten wir früher oder später aufgegeben. Denn das sind nur Theorien – und sie spiegeln in vieler Hinsicht nicht die Wirklichkeit wider. Aber wenn es um Rassismus geht, wenn du unterjocht wirst – nicht, weil du eine bestimmte Person bist, nicht, weil du denken kannst oder weil du dumm bist oder weil du im Leben nichts erreichen kannst, sondern einzig und allein wegen deiner Hautfarbe –, damit kannst du nicht fertig werden. Das trifft so tief, dass du alles tust, um diesen Fluch los zu werden, egal, was du dafür erleiden musst." Als er weitere elf Monate später aus dem Gefängnis entlassen wurde, hatte er das erste Lebensjahr seines Sohnes verpasst. Laurence stand immer noch unter Bann und durfte nicht arbeiten, um seine Familie zu ernähren. Erst im Juli 1983 durfte er sich endlich wieder frei bewegen.

Gesetze im Gastland: Den Deutschen hochwillkommen

Der Aufstand von Soweto, die Ermordung Steve Bikos, das erneute Verbot von mehr als 17 oppositionellen Studenten-, Schüler- und Arbeiterorganisationen und die alltäglichen Gewaltakte trugen ein wenig dazu bei, das Apartheidregime in den USA und Europa zu diskreditieren. Immerhin diskutierten die Außenminister der Europäischen Gemeinschaft einen Verhaltenskodex für europäische Unternehmen in Südafrika. Sie „empfahlen", die freie Wahl von Arbeitnehmervertretungen zuzulassen, den Gewerkschaften die Versammlungsfreiheit zu garantieren, die Löhne auf mindestens 50 Prozent über das Existenzminimum anzuheben, eine Sozialfürsorge für Schwarze einzurichten und alle Apartheidbestimmungen im Betrieb abzuschaffen – natürlich freiwillig, ohne rechtliche Verbindlichkeit. Trotzdem hagelte es Proteste aus der Wirtschaft. Mit Schreiben vom 16. September 1977 intervenierte der Bundesverband der Deutschen Industrie, BDI, bei Bundesaußenminister Hans-Dietrich Genscher und Bundeswirtschaftsminister Hans Friedrichs. Darin wurde bereits die Argumentationslinie deutlich, die Wirtschaftsverbände, Unternehmensvertreter, konservative Politiker und ihre Experten in den nächsten Jahren immer wieder gebetsmühlenartig gegen jegliche Sanktionen einwenden würden: Eine Politisierung von Wirtschaftsbeziehungen am „Präzedenzfall" Südafrika schade dem Export der BRD in alle Welt; vor allem die „Masse der farbigen Bevölkerung" werde von Sanktionsmaßnahmen getroffen, etwa von Arbeitslosigkeit, und deutsche Firmen wirkten ohnehin auf den „Abbau der Rassendiskriminierung" hin. Konkret: Der BDI lehnte jedwede Einschränkung seiner Geschäftsbeziehungen ab. Und dann heißt es einschränkend: „Allerdings ist die Befolgung der Gesetze des Gastlandes eine unabdingbare Voraussetzung für die wirtschaftliche Betätigung deutscher Firmen im Ausland. […] So wäre in keinem Fall ein Verhaltenskodex akzeptabel, der nicht mit den gesetzlichen Bestimmungen im Gastland in Einklang steht.“ Im Klartext: Auch deutsche Unternehmen müssen die Apartheidgesetze einhalten, z.B. das Verbot gewerkschaftlicher Betätigung.

Im übrigen, so der BDI weiter, halte man sich selbstverständlich an das Waffenembargo. „Allerdings erscheint es in der Praxis auch kaum realisierbar und auch nicht vertretbar, den Endverbleib deutscher Erzeugnisse, die an Importeure in Südafrika geliefert werden, zuverlässig zu kontrollieren.“ [16]

Tatsächlich konnte sich die deutsche Wirtschaft nicht beschweren, dass das bindende Rüstungsembargo der UNO vom November 1977 von den Genehmigungsbehörden der Bundesrepublik zu eng ausgelegt wurde. Denn zum einen umfasste das bundesdeutsche Kriegswaffenkontrollgesetz von 1961 nur „harte“ Rüstungsgüter, also Gegenstände, die eindeutig zum Töten bestimmt sind. Und zum anderen wurde das Außenwirtschaftsgesetz, das die Lieferung militärisch relevanter Technologie in den Warschauer Pakt verhindern sollte, im Falle von Südafrika extrem legalistisch ausgelegt. Wenn kein „Gegenstand zum Töten“, also kein Maschinengewehr auf einen LKW – etwa von Magirus-Deutz – montiert war, dann durfte dieser Laster sogar an die Armee direkt geliefert werden. Auf diese Weise konnten die Weißen am Kap fleißig militärische Hilfe beziehen. Zum Beispiel 137 Sattelzugmaschinen für die Armee im Jahr 1974 und seit 1978 jährlich 1.000 Militärlastwagen von Magirus-Deutz.

Aber auch hartes Kriegsgerät erreichte die Militärs am Kap. Zum Beispiel vier Airbusse, eine deutsch-französische Koproduktion. Die Airbusse waren mit Spezialtanks ausgestattet, um damit Düsenjäger in der Luft aufzutanken. Ein Motor für Marineschnellboote machte ebenso den Umweg über Frankreich wie auch Panzerabwehrraketen des Typs Milan, ein Gemeinschaftswerk von MBB und Aerospace. 150.000 deutsche G3 Infanteriegewehre gingen direkt von der Produktionsstätte in Portugal an die südafrikanische Armee. Die Motoren- und Turbinen-Union, MTU, lieferte der Marine Spezialmotoren für sechs „Ramta“-Schnellboote.

Zum Beispiel Rheinmetall: Munition für die Apartheidarmee

Hartes Kriegsgut schickte auch die Düsseldorfer Waffenfabrik Rheinmetall 1978 über Umwege ans Kap. Der seinerzeit achtgrößte Rüstungsproduzent der Bundesrepublik stellt im Dezember 1977 beim Eschborner Bundesamt für Wirtschaft und Ausfuhrkontrolle den Antrag, eine Munitionsfüllanlage zu exportieren. Empfänger sei die Sudamerika Paraguay Exportacion-Importacion in Asuncion in Paraguay. Jahre später wird ein Prozess gegen die Waffenschieber eröffnet. Die Gerichtsverhandlung wirft ein Licht auf ihre kriminelle Energie, die geradezu gefördert wird von der laxen Art der Ausfuhrkontrolle. Dem zuständigen Sachbearbeiter für Waffenexporte in Eschborn war nichts Verdächtiges aufgefallen. Was auch schwerlich der Fall hätte sein können. Denn die Behörde hatte keine Listen über die Exporte einschlägiger Firmen angelegt. Jeder Antrag wurde aktuell entschieden. Die Kontrolleure handelten lediglich nach der Weisung des Außenministeriums, keine Waffen in sogenannte „Konfliktregionen" zu schicken. So war es theoretisch ohne weiteres möglich, dass eine Firma nach und nach die Komponenten einer Anlage ausführte, ohne dass den Beamten aufgefallen wäre, das alle Teile zusammengenommen ein Waffensystem ausmachten.

Da Paraguay keine Konfliktregion ist, gibt sich der zuständige Beamte mit der Adresse einer Briefkastenfirma als Empfänger einer Munitionsfüllanlage zufrieden und stellt im Dezember 1977 die Exportlizenz Nummer 264901 aus. Die Anlage erreicht unversehrt den Freihafen von Paranagua, einer brasilianischen Enklave an der südamerikanischen Küste. Dort wird sie unter Aufsicht eines Rheinmetall-Versandleiters auf ein Schiff in die südafrikanische Hafenstadt Durban umgeladen. Und da wird sie der Firma NASCHEM übergeben, einer Tochter der ARMSCOR. Die nimmt die automatisierte Munitionsfüllanlage 1979 im südafrikanischen Potchefstroom in Betrieb. Unter anderem wird Munition für die G-5-Haubitze hergestellt, sowie für 155-mm-Kanonen und für Geschosshülsen, welche die kanadisch-us-amerikanische Firma Space Research Corporation geliefert hatte. Doch damit nicht genug: Im Juli 1978 informiert die Deutsche Botschaft in Brasilien das deutsche Außenamt, dass die Anlage nicht für Paraguay, sondern für

Südafrika bestimmt gewesen sei. Am 6. September 1978 benachrichtigt das Außenministerium die Kollegen im Wirtschaftsressort über den Vorgang. Einen Tag später erhält der Exportkontrolleur des Außenamtes in Eschborn den Antrag von Rheinmetall über den Export von Ersatzteilen für die Munitionsfüllanlage in Paraguay. Und weil er offenbar von seinen Vorgesetzten nicht informiert wurde, genehmigt er die Ausfuhr am 14. November 1978.

1981 entdeckten BKA-Ermittler den Waffenhandel, im August 1983 wird Klage wegen Verletzung des Kriegswaffen-Kontrollgesetzes und des Außenwirtschaftsgesetzes beim Landgericht Düsseldorf eingereicht. Zwar versucht die Regierung unter Helmut Kohl in einer „Lex Rheinmetall", die Strafen für illegale Waffenhändler um die Hälfte zu reduzieren, aber Proteste in den Medien können das verhindern. Im Januar 1986 beginnt der Prozess vor der 10. Großen Strafkammer des Düsseldorfer Landgerichtes gegen vier leitende Mitarbeiter der Waffenfirma. Im Mai werden sie – wegen des Südafrikageschäftes und ähnlicher Vergehen im Falle von Saudi-Arabien und Argentinien – zu Bewährungsstrafen zwischen 15 Monaten und zwei Jahren Haft sowie Geldbußen von 3.000 bis 25.000 Mark verurteilt. Dies ist das erste Urteil gegen einen Waffenfabrikanten in der Geschichte der BRD.

1999 erwarb Rheinmetall die gesamte Waffenproduktion der schweizerischen Werkzeugmaschinenfabrik Oerlikon-Bührle (Oerlikon Contaves Defence) und trägt deshalb seitdem auch die Verantwortung für die Geschäfte des Schweizers. Dieter Bührle hat bereits in den 60er und 70er Jahren erfolgreich Geschäfte mit dem Apartheidregime gemacht. Seine Firma hatte allein zwischen 1965 und 1968 Flugabwehrgeschütze im Wert von rund 89 Millionen Schweizer Franken über Frankreich und Italien nach Südafrika geliefert – mit gefälschten Angaben über das Empfängerland. 1970 verurteilte der Schweizer Bundesgerichtshof Dieter Bührle wegen der illegalen Waffenlieferungen zu acht Monaten Haft auf Bewährung sowie einer Geldbuße von 20.000 Schweizer Franken und seinen Manager für Rüstungsproduktion und Verkaufsleiter Gabriel Lebedinsky zu einem Jahr Gefängnis. Acht Jahre später ehrte der südafrikanische Staatspräsident John Vorster die beiden Waffenlieferanten: Mit dem „Großen Kreuz" erster Klasse für Bührle als „Vorkämpfer für freien Handel, unbehindert von ideologischen, politischen, internationalen oder künstlichen Barrieren", dessen persönlicher Einsatz „im Export von wichtiger Munition verschiedener Arten gipfelte". Gabriel Lebedinsky erhielt den „Stern von Südafrika" zweiter Klasse. Offenbar revanchierten sich die Schweizer für die Ehrung. Zwischen 1980 und 1989 ließ Oerlikon-Bührle 27 Patente für Militärtechnologie beim südafrikanischen Patentamt in Pretoria registrieren. Das US-State Department machte die Schweizer Botschaft in Washington auf diesen Bruch des UN-Rüstungsembargos aufmerksam. Allerdings war der Export von Patenten nicht im nationalen Schweizer Embargo enthalten.[17]

Deutsche Unterstützung: Fraß für das Krokodil

Im gleichen Jahr, als der fleißige Munitionslieferant sich einen Apartheidorden umhängen ließ, feierte die Deutsch-Südafrikanische Handelskammer ihr 25jähriges Bestehen. Die *Afrika-Post* würdigte das Ereignis im November 1978: „Das deutsche finanzielle Engagement in Südafrika wird mit rund fünf Milliarden Rand (etwa 11,5 Milliarden Mark) bewertet. Die deutschen Investitionen haben inzwischen ähnliches Gewicht erreicht wie die der USA und Englands. [...] Damit dokumentiert sich ein ungebrochenes Vertrauen in die wirtschaftliche Zukunft Südafrikas. [...] Deutsche Banken und Industrieunternehmen sind jetzt offenbar bereit, wieder verstärkt in Südafrika zu investieren, und zwar mit Schwerpunkt in den autonomen Heimatländern der schwarzen Bevölkerungsgruppen. [...] Man rechnet damit, dass die fortschreitende Integrierung der Inder, der Farbigen, der Schwarzen in den Wirtschaftsprozess die Konjunktur in Südafrika ankurbeln wird, dann will man dabei sein."[18]

Nach wie vor ließen sich in Südafrika auch Extraprofite machen. Um Investitionen ins Land zu holen, hatten die Apartheidstrategen die südafrikanische Währung aufgespalten, in den für Handels- und Inlandsgeschäfte geltenden Handelsrand und den zum Schleuderpreis ausgegebenen Finanzrand. Hans-Joachim Schreiber, Vorstandsmitglied der Dresdner Bank, frohlockte 1979 im *Handelsblatt*. Denn der Finanzrand weise „gegenüber dem ‚offiziellen' Rand zur Zeit einen um ca. 30 bis 35 Prozent niedrigeren Wechselkurs zum Vorteil des ausländischen Kapitalanlegers“ auf. „Neben einem Engagement im Wertpapiermarkt findet er nunmehr auch für Kapitalinvestitionen Verwendung. Ausländer können mit Finanzrand [...] Beteiligungen an nicht börsennotierten Gesellschaften erwerben, in Grundstücke investieren, selbst Farmen kaufen und sich – direkt oder indirekt – an Unternehmen im Handels- und Industriebereich beteiligen. [...] Was solche Investitionen besonders reizvoll macht, ist die Tatsache, dass Erträge hieraus in Handelsrand anfallen. Sie können jederzeit zu dem von der Reservebank kontrollierten Wechselkurs am Devisenmarkt in andere konvertible Währungen umgetauscht und ins Ausland transferiert werden. Ergebnis für den ausländischen Investor: Er kann seine Kapitalanlage infolge des 30 bis 35prozentigen Abschlags des Finanzrand mit 70 bis 75 Prozent ihres Nominalwertes tätigen, ihre Rendite aber zu 100 Prozent einfahren. Eine wirklich interessante Sache!“[19]

Überdies begrüßte der Banker zwei Jahre nach Soweto auch die „neuen politischen Ansätze“ und die „hoffnungsvolle Ausgangsposition für die 80er Jahre“ unter dem neuen ersten Mann im Apartheidstaat, Pieter Willem Botha. Das „große Krokodil“, wie er sich selbst gern nannte, kam im September 1978 an die Macht. P.W. Botha hatte bereits zwölf Jahre als Verteidigungsminister den Militärapparat umfassend ausgebaut; er hatte in den Streitkräften eine sichere Machtbasis und konnte auf die Freundschaft der Generäle bauen. Der neue Premier gehörte wie sein Vorgänger John Vorster während des Zweiten Weltkrieges zur profaschistischen Ossewa-Brandwag-Bewegung und war überzeugter burischer Nationalist. Obwohl er, aus bäuerlicher Tradition kommend, wenig mit der Geschäftswelt zu tun gehabt hatte, gab er sich gegenüber den Anliegen der Wirtschaft offen.

Am 13. Juni 1979 protokolliert das Büro des Premierministers eine Zeremonie für einen bekannten deutschen Manager. An diesem Tag erhält Hermann Josef Abs den höchsten Orden des Apartheidstaates, den „Order of Good Hope“, den Orden Guter Hoffnung zweiter Klasse. „Finanzminister und Staatssekretäre kennen ihn seit vielen Jahren als guten und loyalen Freund der Republik Südafrika. Er hat wesentlich zum massiven Anstieg deutscher Investitionen in den ersten sechs Jahren dieses Jahrzehnts beigetragen. Als Chef der Deutschen Bank, der größten in Deutschland, hat er bereits vor Jahren geholfen und seine Unterstützung bei der Initiierung der ersten größeren Darlehen an Südafrika auf dem europäischen Markt zugesagt. Wegen seiner einflussreichen Position konnte er deutsche Politiker von der Wichtigkeit wirtschaftlicher Beziehungen mit Südafrika überzeugen. Die freundlichen Beziehungen zur Deutschen Bank und Dr. Abs haben sich über Jahre erhalten. Sogar nach seinem beruflichen Rückzug vor ein paar Jahren hat er die guten Beziehungen zwischen Südafrika und der Bundesrepublik Deutschland weiter aktiv gefördert.“[20]

Die Ehrung des ehemaligen Nazi-Bankiers hatte handfeste Hintergründe: Die Deutsche Bank beteiligte sich zusammen mit anderen internationalen Banken zwischen 1958 und 1980 an wenigstens 69 Anleihen im Gesamtwert von 6,1 Milliarden Mark. Der Banker hatte dem Regime auch nach der Soweto-Krise aus der Patsche geholfen. Damals wurde in der Johannesburger City gemunkelt, ausländische Banken seien kaum noch bereit, den stark verschuldeten Südafrikanern neue Kredite mit mehr als vier Jahren Laufzeit einzuräumen. Die Deutsche Bank war in der Zeit zwischen 1972 und 1978 unter den 20 Spitzeninstituten, die Kredite an Südafrika organisierten oder Schuldverschreibungen verwalteten. Auch die Commerzbank, die Dresdner Bank, die Westdeutsche Landesbank und die Bayerische Vereinsbank fanden sich auf der Liste der Top Twenty. In diesen Jahren der guten Beziehungen schälte sich die Zielrichtung der deutschen Anleihen für Südafrika heraus: Deutsches Kapital hat weniger die südafrikanische Privatwirtschaft, sondern ganz überwiegend den Apartheidstaat direkt mit Liquidität versorgt.

Im Aufsichtsrat der Deutschen Bank saß Hermann Josef Abs in jenen Jahren mit Vertretern anderer in Südafrika engagierter Unternehmen, an denen die Deutsche Bank beteiligt war, einträchtig beisammen: Peter von Siemens (Aufsichtsratsvorsitzender von Siemens) und sein Stellvertreter Franz Heinrich Ulrich, Hans L. Merkle (Robert Bosch GmbH), Jörg A. Henle (Klöckner-Humboldt-Deutz, bis 1975 Eigner von Magirus-Deutz), Günter Vogelsang (Krupp und Stahlwerke Röchling-Burbach, die Besitzer von Rheinmetall) und nicht zuletzt Dr. Friedrich Karl Flick, der unter vielen anderen auch Aktien von Daimler-Benz hielt. Andere am Kap ansässige deutsche

Unternehmen gehörten ebenso zur Finanzgruppe der Deutschen Bank: AEG, BASF, Bosch, Linde, Siemens (KWU) und – als Kernstück – Daimler-Benz.

Die Stuttgarter Autobauer erwiesen sich Ende der 70er Jahre als weitblickende, kühl kalkulierende Unternehmer. 1978 bewarben sie sich gegen starke internationale Konkurrenz um Lizenzverträge mit Atlantis Diesel Engines, ADE, einer neugegründeten Gesellschaft, die wie die anderen Staatsfirmen zur Autarkie Südafrikas und damit zur Unabhängigkeit von Importen beitragen sollte. ADE sollte Dieselmotoren für schwere und schwerste Nutzfahrzeuge herstellen und allen Bewerbern wurde klar gemacht, dass die südafrikanische Armee ein Hauptkunde von ADE sein werde. Der Stuttgarter Multi gewann die Ausschreibung gegen den US-Konzern Cummings. Ein Sprecher von Cummings schrieb dazu in der *Financial Mail:* „Ich verrate sicher kein Geheimnis, wenn ich sage, dass der Plan an der Frage der Lieferungen an das Militär scheiterte.“[21] So landete auch ADE auf der schwarzen Liste der Unternehmen, die die USA später in ihrem Sanktionsgesetz als strategisch wichtige, das Regime direkt stützende Firmen ausgemacht hatte. ADE gehörte zu 64 Prozent der Industrial Development Corporation, IDC, zu knapp 24 Prozent dem britischen Unternehmen Perkins und zu 12,45 Prozent Daimler-Benz.

Daimler zeigte keine Skrupel. Die Schwaben planten das neue Motorenwerk in Atlantis – keineswegs auf einer sagenumwobenen Insel, sondern in einer öden Retortenstadt 50 Kilometer von Kapstadt entfernt. Die Strategen der Rassentrennung hatten Tausende sogenannte Coloureds nach Atlantis zwangsumgesiedelt. Die strukturschwache Gegend hatte den Investoren nicht nur billige Arbeitskräfte, sondern auch weitere Vergünstigungen zu bieten: Die Regierung zahlte sieben Jahre lang fast die Hälfte der Lohn- und Ausbildungskosten; sie gab 40 Prozent Rabatt für den Gütertransport per Eisenbahn sowie zehn Jahre lang Pacht- und Zinssubventionen von 40 Prozent. Doch damit nicht genug. Pretoria rollte einen weiteren roten Teppich aus und erließ per Gesetz ein Monopol. In alle Nutzfahrzeuge südafrikanischer LKW-Hersteller sollten ausschließlich ADE-Motoren eingebaut werden – somit auch in die zum Teil gepanzerten Polizeifahrzeuge Casspir, Hippo, Buffel und Eland sowie in den Truppentransporter Samil. Nach außen hin wurde ADE durch Schutzzölle von ausländischer Konkurrenz abgeschirmt. Mit ADE eroberte Daimler-Benz den südafrikanischen Markt. 1984 hatten Daimlers Dieselmotoren einen Marktanteil von 80 Prozent. Das wird nicht zuletzt den späteren Konzernchef Jürgen E. Schrempp begeistert haben, der seit 1974 zunächst im Kundendienst tätig war und ab 1980 als Mitglied der Geschäftsführung die Verantwortung für den Bereich Technik übernommen hatte. 1986 sagte er dem südafrikanischen *Leadership Magazine:* „So wie ich das verstehe, wurde ADE von den Behörden aus strategischen Gründen aufgebaut.“[22]

MOTOR DER APARTHEID: NOCH EINMAL DAIMLER-BENZ

„Das Unrecht gegen einen trifft uns alle“: Der Kampf der Gewerkschaften

Anfang der 80er Jahre lässt Mercedes-Benz nicht nur Motoren in der südafrikanischen Stadt Atlantis produzieren. Im Großbetrieb der United Car & Diesel Distributors, UCDD, in East London fahren inzwischen fertige Limousinen der S-Klasse und etwas später auch 10.000 Honda jährlich vom Band; ab 1984 wird UCDD nach einer weiteren Kapitalerhöhung Mercedes-Benz of South Africa, MBSA, heißen. Die Gesellschaft ist das einzige PKW-Produktionswerk der Daimler-Benz AG außerhalb Deutschlands. Tausend Kilometer weiter nördlich, in Johannesburg, vertreibt Daimler durch die Mercedes-Benz Exchange Unit Ersatz- und Austauschteile; und 500 Kilometer weiter westlich, in Pinetown nahe der Hafenstadt Durban, befindet sich ein großes Material- und Ersatzteillager.

Nach einigem Suchen finde ich das Gewerbegebiet an einer Ausfallstraße von Pinetown. Grau und groß liegt die Lagerhalle am Ende einer Sackgasse. Henry van Wyk, ein ehemaliger Vertrauensmann, wartet an der Werkseinfahrt auf mich; ein kleiner, unscheinbarer Mann mit leiser Stimme, der beim Sprechen kaum die Lippen bewegt. Vielleicht liegt das an seiner außerordentlichen Bescheidenheit. Ein paar andere Betriebsräte gesellen sich zu uns, als wir die Halle betreten. Van Wyk erzählt, dass er krank sei und schon länger nicht mehr arbeite. Gabelstapler kurven über die breiten Wege zwischen den hohen Gerüsten, fahren hier und da ihre Gabeln in die Höhe, um in den oberen Etagen Einzelteile abzugreifen. In einer anderen Abteilung verpacken Arbeiter die Teile für den Versand. Plötzlich hallen Rufe durch den Lärm, kommen Männer von allen Seiten heran und begrüßen freudig den Ex-Kollegen van Wyk, greifen nach seiner Hand, wechseln lächelnd ein paar Worte mit ihm. Der Arbeitervertreter ist immer noch sehr beliebt, ein echter Vertrauensmann eben. An einer Wand der Halle führt eine Treppe hinauf ins kleine Betriebsratsbüro; aus den Fenstern kann man auf die Kollegen hinunterschauen. Van Wyk und die anderen setzen sich vor die Plakatwand; da recken südafrikanische Arbeiter auf rot-gelbem Grund siegessicher die Fäuste in die Luft.

Henry van Wyk erzählt: „Damals, Anfang der 80er Jahre, wussten wir nichts von den anderen Mercedes-Niederlassungen in East London und Johannesburg. Wir wussten nicht mal, dass wir für ein deutsches Unternehmen arbeiteten. Wir kamen einfach zur Arbeit und gingen danach wieder nach Hause. Die Gewerkschaft war damals noch sehr schwach." Immerhin hatte Premier P.W. Botha schwarze Gewerkschaften zugelassen. Nach den wilden Streiks der 70er Jahre waren viele Unternehmer zu der Überzeugung gekommen, dass es für reibungslose Geschäfte besser wäre, den Unmut der schwarzen Arbeiterinnen und Arbeiter in Gewerkschaften zu kanalisieren und diese dann zu kontrollieren. Die Bosse waren es leid, „auf einem Überdruckventil zu sitzen", wie Harry Oppenheimer, der Vorsitzende des einflussreichen südafrikanischen Bergbaukonzerns Anglo-American, sagte. Die neuen Gewerkschaften wurden also – gegen den lauten Protest der weißen, bislang privilegierten Arbeiterschaft – als sogenanntes Sicherheitsventil konstruiert: Die Organisationen mussten sich staatlich registrieren und durchleuchten lassen und jede politische Aktivität war ihnen strikt untersagt. Sie durften an Tarifverhandlungen in den südafrikanischen Industrie-Räten teilnehmen, bei denen unter anderem die Mindestlöhne festgelegt wurden. Allerdings waren sie in diesen Gremien neben den Vertretern des Staates, der Arbeitgeber und aller anderen, weißen Gewerkschaften stets in der absoluten Minderheit.

Die Arbeiter in der Mercedes-Filiale in Pinetown hatten um diese Zeit erst zaghaft begonnen, sich zu organisieren. „Das lag daran", erklärt Henry van Wyk, „dass das Management die Arbeiter verschiedener ‚Rassen' gezielt gegeneinander ausspielte. Sie stellten immer mehr ‚Asiaten' und ‚Farbige' wie mich ein, weil wir im Arbeitskampf nicht so geübt waren wie die Schwarzen aus den Townships." Die Geschäftsleitung machte sich den Umstand zunutze, dass am Kap zum Beispiel 1978 neben den rund fünf Millionen Weißen und 16 Millionen

Schwarzen auch drei Millionen Farbige und 800.000 indischstämmige Südafrikaner lebten. Diese hatte die Apartheidregierung stets ein wenig besser gestellt als die schwarze Bevölkerungsmehrheit.

„Ja, sie haben uns wirklich fertig gemacht mit diesen rassistischen Schikanen", erinnert sich van Wyks Kollege Siva Govender, „an erster Stelle in der Hierarchie kamen immer die Weißen. Sie waren zum Beispiel die einzigen, die eine betriebliche Ausbildung erhielten. Dann kamen die Inder und ‚Coloured', und ganz unten die Afrikaner. Das Management teilte und herrschte. Wir hatten zum Beispiel gehört, die Inder bekämen Zuschüsse für den Bau ihrer Häuser und für die Bildung ihrer Kinder. Aber genau wussten wir das nicht. Wir saßen ja nicht mal in der gleichen Kantine wie sie; wir benutzten nicht mal die gleichen Toiletten." Die Schere zwischen den Löhnen für Weiße, Inder, Farbige und Schwarze blieb immer weit geöffnet: „Wir gingen nach oben, zu den Bossen, und haben mehr Lohn gefordert für unsere Familien und unsere Kinder", sagt Siva Govender, stockt und schüttelt den Kopf, „aber sie haben uns in einer widerlichen Art und Weise abgewimmelt. Wir sollten nicht immer um Almosen betteln, hieß es, wir müssten Ehre im Leib haben und eben ein bisschen sparen. Wenn ein Arbeiter Rückenprobleme hatte und nicht arbeiten konnte, dann sagten sie: Soll er doch in die Berge gehen und Unkraut jäten." Für jede noch so selbstverständliche Kleinigkeit hätten sie kämpfen müssen, erzählen die Betriebsräte. Sicherheitsschuhe, Overalls, gleiche Sozialleistungen für alle Arbeiterinnen und Arbeiter, nichts habe ihnen die Geschäftsleitung ohne Auseinandersetzung gewährt. Ganz zu schweigen von der alltäglichen Diskriminierung – wenn Weiße ihre Untergebenen als „Kaffir" beschimpften, sie ohne Grund demütigten und für kleine Vergehen übertrieben bestraften. Kam einer fünf Minuten zu spät zur Arbeit, konnte er entlassen werden.

„Meine Damen und Herren, das in Südafrika praktizierte System der Apartheid lehnen wir mit aller Entschiedenheit ab", rief unter starkem Beifall der Vorstandsvorsitzende der Daimler-Benz AG, Professor Dr. Werner Breitschwerdt, der Hauptversammlung der Aktionäre 1986 in Stuttgart zu. „Wir haben vor allem eine soziale Verantwortung unseren 5.000 südafrikanischen Mitarbeitern gegenüber, die zu 80 Prozent der schwarzen Bevölkerungsmehrheit angehören".[1] Daimler-Benz und viele andere deutsche Konzerne behaupteten jahrelang, dass sie jegliche Diskriminierung aufgrund ethnischer Zugehörigkeiten abgeschafft hätten, dass sie im Gegenteil vorbildliche Löhne und Sozialleistungen zahlten, Ausbildungsplätze schafften und ein gutes Verhältnis zu den Gewerkschaften pflegten. Viele Jahre aber verweigerten genau die gleichen Unternehmen jede Auskunft über die von ihnen gezahlten Löhne und behandelten alle Daten als geheime Kommandosache. Immer wieder stellten dann deutsche Gewerkschafter und Kirchenleute bei Besuchen in Südafrika im Gespräch mit Arbeitern fest, dass die Verlautbarungen der Unternehmen pure Propaganda waren. So befragte der Kirchliche Dienst in der Arbeitswelt in den Jahren 1979/80 rund 300 Arbeiter in den südafrikanischen Tochterunternehmen von AEG, Bayer, BMW, Bosch, Daimler-Benz, Gedore, Henkel, Hoechst, Klöckner, Siemens und VW. In sieben der elf Unternehmen wurden Löhne unter dem Existenzminimum festgestellt. Schwarze Mitarbeiterinnen und Mitarbeiter verdienten bei gleicher Arbeit größtenteils erheblich weniger als weiße. Bayer, BMW, Daimler-Benz, Henkel, Hoechst, Linde, Siemens und Volkswagen trennten in Kantinen, Toiletten und Waschräumen zwischen Schwarz und Weiß. Schwarze Gewerkschafter durften bei BMW, Daimler-Benz, Hoechst und Linde ihre Kollegen nicht während der Arbeitszeit über Betriebsangelegenheiten informieren. Eine Umfrage der IG Metall zum Verhalten von neun Großunternehmen in Südafrika beantworteten 1979 gerade mal vier der Befragten. Davon hatte einzig VW die schwarze Gewerkschaft anerkannt. Und eine Auswertung der Berichte bundesdeutscher Unternehmen an die Bundesregierung über die Einhaltung der von der Europäischen Gemeinschaft empfohlenen Verhaltensregeln ergab: Noch im Jahr 1984 erkannten von 311 deutschen Filialen nur fünf die sogenannten Shop Steward Committees, eine Art Vertrauenskörperleitung, als Verhandlungspartner an.

Dennoch hatten die Beschäftigten in vielen deutschen Filialen mit der Selbstorganisation begonnen, zunächst in vielen Klein- und Kleinstgewerkschaften. Das bot den Arbeitgebern neue Angriffsflächen. Anfang der 80er Jahre zum Beispiel spielte das Mercedes-Management in East London zwei konkurrierende Gewerkschaften erfolgreich gegeneinander aus. Die Geschäftsführung setzte zum Beispiel bei Arbeitskämpfen gezielt die Vertrauensleute nur einer Gewerkschaft vor die Tür; oder sie ließ gefälschte Flugblätter verteilen, in denen die Vertrauensleute der Gewerkschaft A als Überläufer zur konkurrierenden Gewerkschaft B und damit als Verräter dargestellt wurden. Ein Mercedes-Manager bestätigte Jahre später, dass der damalige Arbeitsminister und der zuständige Vertreter der Sicherheitspolizei diese Strategie bei einem Treffen der Industriekammer der Border Region ausdrücklich empfohlen hatten.

Erst in den folgenden Jahren gelang es den schwarzen Gewerkschaftern, einen starken Dachverband auf nationaler Ebene zu gründen, der es mit dem Regime aufnehmen konnte. Fast eine halbe Million Bergarbeiter, Metaller, Beschäftigte aus dem Handels- und Dienstleistungssektor, sowie aus der Textil- und Nahrungsmittelindustrie schlossen sich im November 1985 zum Congress of South African Trade Unions, COSATU, zusammen. Zwei Strömungen der bislang gespaltenen Arbeiterbewegung hatten darin zusammengefunden: die gewerkschaftlich, überwiegend auf die Betriebe konzentrierte und die kämpferisch, allgemein politisch orientierte. Geburtshelfer des Vereinigungsprozesses war eine neue Sammlungsbewegung, die United Democratic Front, UDF. In ihr hatten sich unter anderem 20 Gewerkschaften zusammengeschlossen, die den Kern von COSATU ausmachten. Über 600 Organisationen – von Wehrdienstgegnern über Kirchen bis zu Sportlern, Studenten- und Bürgerkomitees in den Townships – waren Teil der Bewegung, die in den 80er Jahren die Proteste gegen die Apartheid organisierte. Die UDF war eine Reaktion auf die sogenannte Verfassungsreform P.W. Bothas. Er hatte 1983 ein Dreikammersystem eingeführt. Damit versuchte die weiße Minderheit, Inder und Farbige durch das Zugeständnis eigener Kammern im Parlament zu kooptieren. Die schwarze Mehrheit blieb einmal mehr rechtlich völlig ausgeschlossen. Während die in- und ausländische Wirtschaft darin ein willkommenes Manöver sah, von „Reformen“ und einem „neuen Anfang“ zu reden und ihre Geschäfte in gewohnter Manier fortzusetzen, sahen sich die Schwarzen schwer getäuscht. Oliver Tambo, der Präsident des verbotenen ANC im Exil in Lusaka, gab zum Jahreswechsel

1984/85 die berühmte Losung aus: Macht Südafrika unregierbar! Die organisierte schwarze Arbeiterschaft wurde in den nächsten Jahren zu einem der bedrohlichsten Gegenspieler für die weiße Herrschaft. Und auch für die ausländischen Investoren, denn immer häufiger diskutierten die Beschäftigten mit wachsendem Selbstvertrauen, dass sie das Vermögen multinationaler Konzerne nationalisieren wollten, wenn diese sich aus Südafrika zurückziehen sollten.

Mercedes-Benz dachte gar nicht daran. Der Umsatz war von 540 Millionen Mark 1978 auf 1,7 Milliarden Mark 1984 gestiegen. 70 Prozent davon erwirtschaftete der PKW-Sektor, 25 Prozent entfielen auf die LKWs über 7,5 Tonnen und zwei Prozent auf Lastwagen zwischen fünf und 7,5 Tonnen. Mercedes hatte es auf einen Marktanteil von elf Prozent am südafrikanischen Automobilmarkt gebracht, im Segment der sogenannten W-Klasse, dem für die reichen weißen Kunden, sogar auf 45 Prozent.

Henry van Wyk, der stille Betriebsrat, lächelt, als er sich erinnert: „Mitte der 80er Jahre haben wir uns hier in Pinetown endlich für zweiteilige Overalls eingesetzt, für besseren Tee und besseres Essen." Seine Mitstreiter nicken. „Vorher gab es hier nur eine einzige Gewerkschaft, eine für die Weißen, die das Management gegründet hatte. Das änderte sich jetzt. Wir wählten unsere eigenen Vertrauensleute, die Shop Stewards. Ja, damals fing der Kampf an. Wir haben gestreikt und wir haben gleichen Lohn für gleiche Arbeit, angemessene Löhne, durchlässige Lohngruppen und eine Altersversorgung gefordert." Als sich dann anderthalb Jahre später sieben Gewerkschaften aus der Metallbranche unter dem Motto „One Industry, One Union", zur National Union of Metal Workers of South Africa, NUMSA, zusammenschlossen, hatten sich erstmalig alle in Südafrika vertretenen Volksgruppen in einer einzigen, nicht rassisch definierten Gewerkschaft vereinigt. Das war in dieser Größenordnung noch nie da gewesen.

In Pinetown waren nun die bislang willkürlich nach Hautfarben getrennten Arbeiter in einer Gewerkschaft vereint. Auch Weiße wären aufgenommen worden, wenn sie hätten eintreten wollen. Das Management hatte vergeblich versucht, diese Einheit zu verhindern. „Sie wollten uns austricksen", erinnert sich Henry van Wyk. „Sie haben uns angeboten, wir könnten hier im Betrieb ein eigenes Forum gründen. Aber wir hatten schon kapiert, dass eine Gewerkschaft existentiell wichtig ist und alles koordiniert und wir haben das abgelehnt." Mit einem Streik. Das Management drohte. „Sie haben uns den Bus gestrichen, der uns nach Hause brachte, sie nahmen uns das Essen weg, den Tee – aber wir sagten, ist egal. Tatsächlich konnten sie uns gar nichts wegnehmen, denn wir waren stark." Seinerzeit haben sich die Vertrauensmänner aus Pinetown auch zum ersten Mal mit den Kollegen aus East London getroffen. „Das hat uns ein ganzes Stück weitergebracht."

In ganz Südafrika gingen die schwarzen Arbeiter auf Konfrontation. Die Generation der jungen Löwen nahm den Kampf in den Gold- und Kohlegruben, in den Fabriken und staatlichen Kommunalverwaltungen auf. Während ihre Mütter und Väter die Demütigungen am Arbeitsplatz ein Leben lang widerspruchslos hingenommen hatten, forderten sie nun mit unglaublicher Kraft und Furchtlosigkeit ihr Menschenrecht auf Gleichberechtigung und Würde. Der silberne Stern über der Daimler-Tochter in East London verdunkelte sich. Eine Streikwelle erfasste das Unternehmen, das im Gegensatz zu seinen beschönigenden Selbstdarstellungen selbst unter Fachleuten als eins der am schlechtesten geführten deutschen Unternehmen in Südafrika galt. Allein in den ersten acht Monaten des Jahres 1986 verlor MBSA in East London 53 Arbeitstage. Im August 1987 legten die Beschäftigten die Arbeit nieder, um eine Erhöhung des Mindest-Stundenlohnes von 3,50 Rand (3,15 Mark) auf fünf Rand (4,50 Mark) und die volle Anerkennung der unabhängigen Gewerkschaften durchzusetzen. Der Konzern feuerte die gesamte Belegschaft von 2.800 Arbeitern. Dieses harte Vorgehen sorgte auch in Deutschland für Aufsehen. Willi Hoss, langjähriger Daimler-Betriebsrat und grüner Bundestagsabgeordneter, reiste nach Südafrika und sprach vor den Streikenden: „Der Mindestlohn für einen einfachen Arbeiter ohne besondere Qualifikation beträgt in Deutschland 15,50 Rand. Ein Fließband- oder Maschinenarbeiter verdient in der Stunde 18 bis 21 Rand. [...] Die Lohn-, Leistungs- und Personalbedingungen bei Euch sind, obwohl es eine Firma, ein Konzern ist, bedeutend schlechter als bei uns. Eure Forderungen nach fünf Rand sind bescheiden, weil es bei uns außer Lohn auch noch zusätzliche Geldleistungen gibt. [...] Ihr habt in der Fabrik sehr viel weniger Rechte als wir. Bei uns können die Arbeiter vier Mal im Jahr über ihre Lage beraten und ihre Probleme äußern. Und die Unternehmensleitung muss Rede und Antwort stehen. Die gewählten Vertrauensleute können sich während der Arbeitszeit treffen, haben entsprechende Räume in der Fabrik und können bei Ungerechtigkeiten der Vorgesetzten und bei Konflikten für die Kollegen eintreten. [...] Wir fordern von der Daimler-Benz AG, die Apartheidpolitik aufzugeben und alle Menschen, gleich welcher Hautfarbe, als Menschen zu behandeln."[2]

Mthutuzeli Tom, der Mercedes-Betriebsrat in East London und heutige Vorsitzende der NUMSA, wurde während dieses Streiks fünf Mal verhaftet. „Die Polizei kam am frühen Morgen und hat uns zu Hause festgenommen. Sie haben uns zur lokalen Polizeistation gebracht und verhört." Während des Verhörs wollten sie alles über den Streik bei Mercedes wissen. Außerdem hatten sie den Verdacht, dass Leute wie Tom in den Untergrundstrukturen des bewaffneten Arms des ANC aktiv waren, dass sie Sabotageakte verübten und ANC-Kader versteckten. „Natürlich wurden wir gefoltert!" Mthutuzeli Tom wundert sich über meine Frage und spricht weiter, geradezu erheitert. „So haben sie dich in jenen Tagen zum Sprechen gebracht! So dass du dich extrem erniedrigt fühltest, entmenschlicht. Sie haben mich nackt ausgezogen, kaltes Wasser über den Kopf geschüttet, die Hände auf dem Rücken gefesselt, den Ventilator angeschaltet, so dass man anfing zu zittern. Und dann stellten sie die Fragen." Pause. Niemand erinnert sich gerne an diese Torturen. „Das war schlimm damals. Da steckt jemand die Pistole in deinen Mund, voll geladen", Tom lacht hart auf, „das ist eine verdammt angstmachende Übung." Wie hat er das durchgestanden? Seine Antwort erinnert mich an Laurence Ntlokoa: „Weil du im Kampf warst, hast du dich nicht gefürchtet. Natürlich hat man über den Tod nachgedacht, aber man sagte sich: Ich werde nicht der erste und ich werde nicht der letzte sein. Wie konnte ich Teil des Befreiungskampfes sein, wenn ich Angst hätte, zu sterben?!" Tom hat vergessen, wie oft er in all den Jahren gefoltert wurde. „Ich habe nicht gezählt. Schon als Schüler ging das los und später als Arbeiter. Das war einfach mein Leben – die ganze Zeit über, die ganze Zeit!" Jetzt lacht er wieder, befreit.

Während des Streiks 1987 war bei Mercedes neben der neuen NUMSA noch die ältere, branchenübergreifende South African Allied Workers Union, SAAWU, aktiv. Darum wollten die Folterer so genau wissen, wie es in der Fabrik zuging. „Sie wollten diesen Streik sabotieren“, sagt Tom, der damals in die NUMSA eingetreten war, „sie setzten unsere Namen auf das Briefpapier der konkurrierenden Gewerkschaft. Das sah dann so aus, als ob wir Marionetten der SAAWU wären und Verräter der NUMSA-Mitglieder.“ Außerdem säten die Flugblattfälscher Misstrauen. Sie behaupteten, diese Vertrauensleute arbeiteten für die Sicherheitskräfte. „Sie fanden heraus, wo wir uns treffen würden und verteilten die Flugblätter kurz vor der Zusammenkunft.“ Aber die Spaltungsstrategie ging nicht auf. Beide Gewerkschaften trugen den Streik mit und am Ende vereinigten sich alle in der NUMSA. Nach neun Wochen mussten alle Entlassenen wieder eingestellt werden. Das war mit 270 Millionen Mark Produktionsverlust der teuerste Streik in der Geschichte Südafrikas. 1986 und 1987 schrieb die südafrikanische Daimler-Tochter tiefrote Zahlen. Im März des folgenden Jahres streikten die Mercedes-Arbeiter in East London dagegen, dass 17 Arbeitern der Lohn gekürzt wurde, weil sie angeblich zu früh Feierabend gemacht hatten; im Juni rief COSATU zu einem Generalstreik gegen das neue Arbeitsgesetz auf, das Warnstreiks, Sympathiestreiks und Verbraucherboykotte verbot. Die Mercedes-Arbeiter waren dabei.

Apartheidgegner im Management?

Der Vorstandsvorsitzende der MBSA in den Jahren 1985 bis 1987, Jürgen E. Schrempp, ist als Apartheidgegner in die Annalen der Wirtschaftsbeziehungen zwischen Westdeutschland und Südafrika eingegangen. Tatsächlich forderte er Mitte der 80er Jahre die südafrikanische Regierung auf, „ihr Reformprogramm zu beschleunigen“, wie Jürgen Grässlin in seiner Biographie über den Daimler-Chef schreibt: „Jede Aktion müsse innerhalb der Landesgesetze stattfinden, antwortete Schrempp im Interview mit Hugh Murray vom *Leadership Magazine*. […] Dagegen gibt es ‚für uns keine Diskriminierung‘. Gleiches Recht für alle im Konzern, gleich welche Rasse, welches Geschlecht oder Glaubensbekenntnis jemand hat. […] Auf die Frage nach seiner Ansicht in Sachen Apartheid verweist Schrempp auf positive Entwicklungen bei den Passgesetzen. ‚Aus humanitären Gründen' befürwortet er die Abschaffung der Apartheid, sei es doch ‚für jeden Geschäftsmann unmöglich, Einschränkungen zu übersehen, die sich derart stark auf die Freiheit der Menschen auswirken, ihre Arbeitskraft – und deren Früchte – nach den Marktgesetzen zu verkaufen.' Genau dies aber ‚beeinträchtigt die Apartheid immer noch.'"[3] Jürgen E. Schrempp arbeitete ab 1974 im Management der südafrikanischen Tochtergesellschaft Mercedes-Benz of South Africa (damals noch UCDD), wo er zunächst im Kundendienstbereich tätig war und ab 1980 im Vorstand das neue Technikressort übernahm. 1982 ging Schrempp für zwei Jahre in die USA und kehrte zwei Jahre später als stellvertretender Vorstandsvorsitzender der MBSA nach Südafrika zurück. 1985 übernahm er den Vorstandsvorsitz der südafrikanischen Tochter und sagte dem *Leadership Magazine,* langfristig böten „dieses Land und diese Region" ein „gewaltiges" Potenzial.[4]

Schrempp hat als aufgeklärter Kapitalist gesprochen. Wie einige andere hatte er erkannt, dass sich die Planwirtschaft des Apartheidregimes und die Proteste der Unterdrückten langfristig negativ auf die Bilanzen auswirken würden. Dass es bei Mercedes keine „Diskriminierung" gegeben habe, strafen alle Aussagen seiner Untergebenen Lügen. Der Chef in Pretoria hat hingenommen, dass das Militär beliefert wurde und dass die Repression, auch gegen die Mercedes-Arbeiter, immer weiter zunahm. Wie etliche andere westdeutsche Investoren weigerte sich Schrempp, das Kapital aus Südafrika abzuziehen und so Druck auf das Regime auszuüben. Sein Vorgesetzter in Stuttgart, der damalige Vorstandsvorsitzende der Daimler-Benz AG, Werner Breidtschwerdt, sieht Schrempp in einer Schlüsselrolle bei der Entscheidung über den Abzug des Unternehmens. Seit Anfang der 80er Jahre hatten Apartheidgegner immer lauter gefordert, dass sich ausländische Unternehmen aus Südafrika zurückziehen sollten. Werner Breidtschwerdt sagte dazu: „Wenn er es hätte begründen können, hätten wir womöglich auch einen Rückzug erwogen. [...] Im Endeffekt ist Herr Schrempp mit ausschlaggebend für den Verbleib von Daimler-Benz in Südafrika" gewesen.[5] Anfang 1987 ging Schrempp in die Stuttgarter Zentrale der Daimler-Benz AG zurück.

Zehn Jahre später ist der Daimler-Chef Vorsitzender einer Vereinigung deutscher Wirtschaftsverbände, die für Investitionen am Kap werben. Die Südliches Afrika Initiative der Deutschen Wirtschaft, SAFRI, will „den Ländern des südlichen Afrika hier in Deutschland eine Plattform bieten für eine differenzierte Darstellung ihrer Potenziale und damit zur gezielten Werbung um Investoren". Auf einer Pressekonferenz in Windhoek präsentierte Schrempp, der gerne kokett seine Liebe zu Südafrika betont, seinen Rückblick auf die alten Zeiten – und die Absolution durch den südafrikanischen Präsidenten Nelson Mandela: „Ich habe insgesamt zwölf Jahre in Südafrika verbracht. [...] Ich begann als Service Manager von MBSA und in diesem Job musste ich in jedes kleine Dorf reisen. [...] Ich war – als ich 1974 kam – mit einem Wandel in Afrika stark konfrontiert. In Mosambik begann der Krieg, [auch] in Angola; wir hatten große Probleme offensichtlich in Namibia, im früheren Rhodesien und wir hatten Apartheid in Südafrika. Und ich fragte mich damals – noch ziemlich jung: Ist das der Job eines Managers, nur Geld zu machen? Hat er als Gast das Recht, sich in die Innenpolitik einzumischen? Oder hat er sogar die Pflicht? Also habe ich mich damals sehr vehement gegen Apartheid ausgesprochen, so sehr, dass ich ab und zu einen Anruf [aus der Unternehmenszentrale] erhielt, aber ich dachte, ich muss das tun. Aber ich war auch ein Befürworter weiterer Investitionen in Südafrika. Weil ich total gegen Desinvestment war. So sehr, dass ich Probleme mit den Gewerkschaften in Deutschland hatte und auf den Hauptversammlungen und tatsächlich haben wir unser Kapital erhöht. Und vor einem Jahr hatte ich das Privileg, mit Präsident Mandela zu Abend zu essen. Er fragte mich, ob ich Honorarkonsul für Südafrika in Deutschland werden wollte und ich sagte, ich brauche keine Titel, ich mache das sowieso. [...] Und ich fragte ihn: ‚War unsere Politik damals richtig oder falsch?' Und dieser große Mann sah mir in die Augen und sagte: ‚Mr. Schrempp, ich schlage vor, wir schauen nach vorn und nicht zurück.'"[6]

Es gibt auch noch eine zweite Geschichte. Danach hat Daimler-Chef Edzard Reuter, ab 1987 bis 1995 an der Spitze des Konzerns, bei einem Essen mit Mandela verteidigt, dass Mercedes die ganze Zeit über in Südafrika geblieben ist.

Mandela habe ihn messerscharf unterbrochen und gesagt: „Was Sie gemacht haben, war falsch. Wir haben Sanktionen gefordert. Aber wir sind hier heute nicht zusammengekommen, um über die Vergangenheit, sondern um über die Zukunft zu sprechen."

Der Krieg in den Fabriken

Nach dem Gespräch mit Mthutuzeli Tom stehen wir noch im Betriebsratsbüro in East London und plaudern. Es ist später Nachmittag. Da gesellt sich ein Mann dazu – stämmig, rundes Gesicht, Oberlippenbart – und fragt, ob ich ihn wohl mit dem Auto nach Hause bringen könnte. „Champ" stellt er sich vor, „einfach Champ". Kein Problem, gerne. Die Sonne geht in Südafrika früh und schnell unter. Um sechs Uhr abends ist es stockdunkel. Ich kurve nach Champs Anweisung im Township herum; für Ortsunkundige sind alle Townships gleich, bei Tag und erst recht bei Nacht. Schließlich parken wir am Rande eines dieser sandigen, vom Regen tief zerfurchten Seitenwege. Ich klettere über Stock und Stein hinter Champ her, eine kleine Böschung hinunter, und dann verschwindet er – in einem Shack! In einer typischen selbstgebauten Hütte, wie sie Millionen Arme und Mittellose aus Blech, Pappe und was immer sie finden können herrichten, um ein Dach über dem Kopf zu haben. In dem kleinen Vorraum liegt ein Freund mit einer Beinbehinderung auf dem Sofa und liest; an den Bretterwänden hängen Plakate. „Thabo Mbeki: Ein besseres Leben für alle! – Wählt ANC!" Mandela in seiner Zelle auf Robben Island: „Geschichten aus dem Gefängnis"; ein Zeitungsausschnitt mit Nelson Mandela im Fußballdress. Champ schickt einen kleinen, neugierigen Jungen Cola holen und bittet mich in den zweiten Raum, der zu zwei Dritteln von einem großen Bett und einer Kommode gefüllt wird. Die Wände hängen voller Fotos: Champ, der Befreiungskämpfer in olivgrüner Uniform mit rotem Barett hockt im Gras, das Sturmgewehr der Guerilla, die AK 47, im Arm; Champ mit seiner Einheit; Champ freundschaftlich zwei weibliche Comrades umarmend; Champ im Kampfanzug und mit Mafiosi-Sonnenbrille in einem offenen Wagen als Bodyguard vor Nelson Mandela stehend, der auf Wahlkampftour in einem Stadion die Runde dreht …

Und dann erzählt der Mercedes-Betriebsrat sprudelnd seine

Geschichte. 1983 habe er als 18jähriger in der Firma angefangen; er habe die Schule verlassen müssen, weil er ein Anführer in der Schülerbewegung war: „Ich wurde ständig verfolgt und war mehrfach im Gefängnis. Mein Vater wurde krebskrank und ich musste für die ganze Familie sorgen, für meine Eltern und meine sieben Geschwister.“ Eigentlich hatte er zum ANC ins Exil gehen wollen, aber das ging nun nicht mehr. Er trat in die Gewerkschaft ein, „damals gab es viele Aktionen“, und reiste, wann immer möglich, für sein militärisches Training außer Landes. „Immer wenn ein Streik war, verließ ich Südafrika heimlich für ein paar Tage. Ich hatte neun Pässe.“ Champ erhielt eine militärische Ausbildung beim MK, wie Umkhonto we Sizwe, der bewaffnete Arm des ANC, intern genannt wurde. Er lernte den Umgang mit Waffen und Sprengstoffen und Guerilla-Taktik. „Ja, es kamen auch Waffen ins Land“, sagt er stolz, „wir waren immer kampfbereit, bis zum Letzten.“ Die Kommunikation lief über tote Briefkästen in East London und im Township Duncan Village. Als Untergrundkämpfer lernte Champ auch nachrichtendienstliche Tätigkeiten wie Informationsbeschaffung und Spionageabwehr. Mit diesen Kenntnissen ausgestattet, baute er die Untergrundzellen des MK bei Mercedes in East London auf. „Wir kannten die Leute aus dem Management, wir verfolgten ihre Bewegungen, wir wussten, wo sie wohnten und hatten ihre Autokennzeichen. Das mussten wir wissen, weil so viele von uns in jenen Jahren umgebracht wurden. Es war verdammt gefährlich für uns.“ Die Region des Eastern Cape, die Homelands Ciskei, Transkei und der „weiße“ Korridor, galt damals als Brennpunkt der Auseinandersetzungen. „Wir waren der ‚Big Boy of the Struggle‘“, strahlt Champ noch heute, „schließlich ist dies die Heimat von Nelson Mandela, Oliver Tambo, Thabo Mbeki, Geraldine Fraser und vielen anderen.“

Umkhonto we Sizwe hatte das Regime in den 80er Jahren mit einigen Anschlägen auf wichtige industrielle Anlagen von ESCOM und SASOL und auf militärische Einrichtungen in Aufregung versetzt. Am 1. Juni 1980 zum Beispiel gingen in drei SASOL-Anlagen gleichzeitig Bomben hoch. In Evander östlich von Johannesburg brannten sieben Benzintanks und dicke Rauchwolken zogen 80 Kilometer weiter bis nach Soweto. Der Schaden war immens und der Befreiungskampf kam in die

Schlagzeilen der internationalen Presse. Pretorias Gegenangriffe waren von grimmiger Entschlossenheit. Spezialkommandos töteten gezielt Oppositionelle in den Nachbarländern, in Lesotho, Botswana und Mosambik. Die südafrikanische Luftwaffe flog Angriffe auf Ziele in Simbabwe, Sambia und Botswana. Andere ANC-Anhänger fanden durch Autobomben, Brief- und Paketbomben sowie durch Gift den Tod. Die militärischen Kräfte des Regimes waren den Guerillakämpfern, die nur gelegentlich Kommandos im Land ausführten, weit überlegen. Das „Krokodil", der Ex-Verteidigungsminister, rüstete weiter auf. Das war Teil seiner „totalen Strategie", eine Antwort auf den angeblich „totalen Anschlag" des Weltkommunismus in Gestalt des ANC auf die weiße Bastion Südafrika. Die zivile Seite dieses Gegenangriffs waren Reformen von oben. Man nahm die Beschwerden der Schwarzen vordergründig ernst: Die Regierung legte Entwicklungsprogramme für eine verbesserte Infrastruktur in den Townships auf; sie gab städtischen Schwarzen größere Freizügigkeit in den Enklaven der Weißen und erlaubte ihnen, Geschäfte zu eröffnen. Schwarze Lohnarbeiter durften sich in unabhängigen Gewerkschaften organisieren.

Der andere Teil der Strategie war verschärfte Repression. Pretoria eröffnete einen verdeckten Krieg gegen die Bevölkerungsmehrheit, im Lande selbst und in den Nachbarländern, eine permanente Schlacht, angeführt vom allmächtigen Sicherheitsrat. Dieses exklusive Kabinett, dem einige Minister und vor allem die Vertreter der Sicherheitskräfte und Geheimdienste angehörten, entwickelte sich in den 80er Jahren zur eigentlichen Regierungsinstanz, ohne jegliche Legitimierung durchs Parlament. Bis hinunter in das kleinste Township spann der Sicherheitsrat sein Spitzel- und Informantennetz; ein Orwellsches System mit Tausenden Zuträgern aus Militär, Geheimdiensten, Polizei – und auch aus der Wirtschaft. Das sogenannte National Management System, NMS, hatte seine Augen und Ohren überall. In über 400 regionalen und lokalen Joint Management Centres, JMCs, hatte das Regime sein Frühwarnsystem gegen die schwarze Opposition installiert. Von den JMCs aus wollten sie wieder die Oberhand über die schwarze Bevölkerung gewinnen.

Willies Mchungu, heute ANC-Abgeordneter in einem Landesparlament, arbeitete seinerzeit als Gewerkschaftssekretär und im Untergrund für die verbotene Befreiungsbewegung: „Die Geheimdienste haben die Joint Management Centres, JMCs, angeschoben“, sagt er, „die reichten bis in die Geschäftswelt.“ Da jedes Unternehmen in seinem Branchenverband und in den regionalen Industrie- und Handelskammern Mitglied war, mussten die Unternehmervertreter nicht an jeder JMC-Sitzung teilnehmen. Sie erhielten ihre Direktiven über ihre Verbände und Kammern. „Die Sondereinheiten der Polizei und Armee haben diese JMCs geleitet“, erklärt Willies Mchungu, „die Initiative kam nicht aus der Wirtschaft, sondern aus diesem Netzwerk der Sicherheitskräfte.“ Das NMS sollte Oppositionelle beobachten, identifizieren und diskreditieren. „Die Namen der Arbeiter, die Aktivisten in ihren Wohngebieten waren, wurden über dieses Netzwerk direkt an die Arbeitgeber weitergeleitet. Das lief alles sehr geheim. Diese JMCs wurden genutzt, um Stimmung gegen die Gewerkschaften zu machen und um Informationen über einzelne Gewerkschafter zu sammeln.“ Die Handelskammer in Pretoria zum Beispiel bat ihre Mitglieder 1986 in einem vertraulichen Brief, alle Informationen, die sie über einen Verbraucherboykott herausfänden, an die Kammer weiterzuleiten, „die in ständigem Kontakt mit der Polizei und den Sicherheitskräften steht.“ Willies Mchungu sagt, um die Arbeiter in den Betrieben auszuspionieren, habe man keine speziellen Strukturen aufbauen müssen. „Es gab ja genug Weiße unter den Beschäftigten, die ihr Unternehmen gegen die schwarzen Bettler verteidigen wollten. Die fanden, es sei einfach ihre patriotische Pflicht als weiße Südafrikaner, der Sicherheitspolizei alle Informationen zu geben.“ So wurde der Krieg in die Fabriken hinein getragen, unter der Leitung und aktiven Teilnahme der Sicherheitskräfte.

„Ja, es war ein Kriegszustand“, sagt Mthutuzeli Tom, „die Geheimdienstler mischten sich überall unter uns. Manchmal kamen sie mit Hunden in die Karosseriewerkstatt und stellten sich zwischen mich und meine Kollegen, so dass ich nicht mit ihnen sprechen konnte. Einer von denen war besonders fanatisch. Der marschierte wie eine Kommandant, wie ein Soldat.“ Andere Spione saßen in der gleichen Kantine wie die Gewerkschafter oder setzten sich während der Betriebsversammlungen in die letzte Reihe. Aber die Vertrauensleute hatten ihre Tricks, um die Lauscher zu überlisten. Wenn sie mit den Kollegen über einen Streik diskutierten, benutzten sie eine Art Geheimcode. „Das war toll damals, wir waren extrem kreativ“, Tom gerät rückblickend geradezu ins Schwärmen. „Wir waren sehr clever, eigentlich sogar genial. Wenn man den Mund aufmachte, musste man seine Worte ganz genau wählen, denn diese Spione waren von der Polizei und der Armee ausgebildet, die konnten zwischen den Zeilen lesen. Sie würden mich an meiner Sprache sofort als Oppositionellen von ANC, Gewerkschaft oder Kommunistischer Partei identifizieren.“ Und grinsend fährt er fort: „Über Streiks haben wir dann nur in unseren afrikanischen Sprachen gesprochen und in bestimmten Bildern, das war nicht so leicht zu übersetzten. Diese Typen hatten dann zwei Tage lang zu rätseln, was wir gemeint hatten und was wir planten!“

Nicht selten waren „die Typen“ aber auch erfolgreich. Dann schickten sie ihre Truppen in die Townships. Zum Beispiel ins 50 Kilometer entfernte Mdantsane, wo damals 2.000 Mercedes-Arbeiter in den elenden Matchbox-Häusern lebten, zumeist mit der Großfamilie, in bitterer Armut. Auch in Mdantsane gab es, wie überall im Land, organisierte Proteste, etwa gegen hohe Mieten und Fahrpreise, sowie Schulboykotte gegen die miserable Ausbildung für schwarze Kinder. Bei den Auseinandersetzungen mit der Polizei trafen die Gewerkschafter von Mercedes-Benz auf bekannte Gesichter. „Das waren Reservisten der Polizei“, erzählt Tom, „tagsüber arbeiteten sie in der Firma. Und abends haben sie uns die Haustüren eingeschlagen und verhaftet. Die kannten uns genau, wir waren Mercedes-Arbeiter! Sie hatten Zugang zu den Informationen des Unternehmens. Sie gingen einfach in die Personalabteilung und fragten: ‚Können Sie mir die Adresse von Soundso geben?‘ – ‚Ja klar!‘ – Als Manager hatten sie das Recht auf diese Information, auch wenn sie nicht erklärt haben, dass sie jemanden verhaften wollten. Diese Typen hatten Macht!“

Champ erinnert sich wie heute an die Vorgesetzten und ihr Doppelleben. „Diese Mercedes-Manager trugen tagsüber schöne Anzüge mit Krawatte und nachts zogen sie Tarnanzüge an und schossen auf unbewaffnete Jugendliche, auf alte Leute, ja sogar auf kleine Kinder, und töteten sie. Sie machten Razzien von Tür zu Tür; es gab ja großen Widerstand damals; und wir hörten am nächsten Tag, wie diese Reservisten in der Firma jubelten und auf Afrikaans sagten: ‚Wir haben viele Kaffern erschossen! Wir haben unseren Spaß gehabt!'" Champ schätzt, dass ungefähr 20 bis 30 Mercedes-Vorarbeiter und -Abteilungsleiter, allesamt Weiße, in ihrer Freizeit als Polizisten zum Einsatz in die Townships fuhren. Häufig seien Aktivisten auch auf dem Firmengelände verhaftet worden. „Es war üblich, dass die Polizei hierher kam. Manche Arbeiter wurden hier auf dem Gelände aufgegriffen, andere am Fabriktor." Es habe einen steten Informationsfluss gegeben: „Achtet auf Mr. X., der ist ein Anführer, der trägt das Banner, der führt die Proteste in der Firma an."

Allein im Jahr 1987 wurden rund 750 COSATU-Funktionäre im ganzen Land verhaftet, im Februar 1988 waren es achtmal mehr. Champ hatte Glück. Er wurde während seiner Zeit als MK nicht gefasst, dafür musste seine Familie leiden; innerhalb von drei Jahren wurde sein Haus 15 Mal stundenlang durchsucht und verwüstet, Zimmer für Zimmer. Champ ist überzeugt, dass die Unternehmensleitung über alle oppositionellen Gewerkschafter bestens informiert war. „Und wer ein rechtsextremer Weißer war, wer nachts zu den Schlächtern gehörte, das wussten die auch." Diese fundamentalistischen Buren hätten ihre Gesinnung bei Mercedes nicht verstecken müssen. Wenn ihre Partei, die Afrikaaner Weerstandsbeweging, AWB, eine fanatische, neonazistische, paramilitärisch organisierte Siedlergruppierung, in East London eine Versammlung mit ihrem Führer, dem Hitler-Imitator Eugene Terreblanche, abgehalten hätte, „dann sind sie hier morgens in Khakiuniform mit Parteianstecker erschienen und später verließen sie die Firma, um die AWB-Veranstaltung zu besuchen. Die wurden nicht entlassen!"

Auch Les Kettledas, ehemaliger Verhandlungsführer der NUMSA und heute stellvertretender Arbeitsminister, bestätigt: Das untere Management in East London „hat komplett aus dem rechten Flügel" bestanden. Diesen habe Schrempp in Ruhe agieren lassen, was nichts anderes bedeutete, als dass die „rassistischen Antigewerkschafter" missliebige Kritiker massiv unter Druck setzen oder kurzerhand entlassen konnten – ohne die direkte Intervention der Geschäftsleitung fürchten zu müssen. „Vor Ort", so Les Kettledas, „gab es einen harten Kampf zwischen den Gewerkschaftern und dem Management der weißen Rassisten." Und deren Aktivitäten seien „vom Rest der Firma verziehen" worden. [...] „Das Topmanagement in Pretoria tolerierte das alles."[7]

Bei Mercedes-Benz, versichern die Betriebsräte, existierte ein umfassendes, hierarchisches Sicherheitssystem. Auf der untersten Ebene stand der Wachdienst. „Das waren einfache Wärter", erzählt Mthutuzeli Tom, „die passten bloß auf, dass wir nichts klauten oder kaputt machten, dass wir nicht betrunken waren oder Waffen in den Betrieb brachten." Die seien harmlos gewesen. Am Produktionsband waren dann schon die ersten Spitzel eingesetzt. Da standen Tag für Tag die weißen Aufseher und Vorarbeiter und horchten ihre schwarzen Untergebenen aus. Im mittleren Management waren die Polizeireservisten zu finden, einige von ihnen in der Personalabteilung; und auf höchster Ebene existierte der firmeninterne und später ausgelagerte Sicherheitsdienst. Die Leiter dieses Dienstes seien alle Männer aus dem heutigen Simbabwe gewesen. „Die waren alle Mitglieder der Selous Scouts, also Soldaten in der britischen Kolonie Rhodesien gewesen." Diese Scouts hatten eine 420-Mann-Truppe aus britischen und US-amerikanischen Söldnern und Überläufern aus der Befreiungsbewegung gebildet, überaus hart trainiert, überaus erfolgreich im Kampf gegen die Guerilla – und berühmt-berüchtigt wegen ihrer grausamen Kriegsführung. Sie sollen zahllose Befreiungskämpfer brutal ermordet haben. Auch wehrlose Flüchtlinge, Frauen und Kinder, die in Massengräbern verscharrt wurden. Viele Scouts hatten das Land verlassen, als Rhodesien 1980 unabhängig wurde. Sie dienten zunächst in der südafrikanischen Armee, wurden aber als britische Soldaten von ihren burischen Kameraden schlecht gelitten und suchten sich andere Betätigungsfelder.

„Ausgerechnet diese Männer waren bei Mercedes im Sicherheitsdienst angestellt", sagt Tom, „diese ehemaligen Soldaten, die mit der südafrikanischen Armee in Rhodesien gegen die Befreiungskämpfer kollaboriert hatten, gaben in ihrer neuen strategischen Position im Unternehmen natürlich nicht ihre Beziehungen zum südafrikanischen Sicherheitsapparat auf. Die waren schließlich ihre Kumpel im Busch gewesen." Diese ehemaligen Selous Scouts saßen im Topmanagement von Mercedes-Benz. DaimlerChrysler jedoch erklärte auf Anfrage: „Soviel wir wissen, hat es keine Anwerbungen von Selous Scouts gegeben."

Unstrittig ist dagegen, dass Mike Lindley, ein ehemaliger Topmann bei Mercedes-Benz, ebenfalls aus dem ehemaligen Rhodesien kam, wo er als hoher Polizeioffizier bei der British South African Police, der rhodesischen Polizei, gedient hatte. Sein oberster Chef im Unternehmen, Christoph Köpke bestätigt das. „Klar hatte der Kontakte zur südafrikanischen Polizei." Der heutige Chef der südafrikanischen DaimlerChrysler-Tochter hat Anfang der 70er Jahre als Sachbearbeiter im Unternehmen angefangen. Zwischenzeitlich war er Manager bei Porsche und Jaguar in Südafrika. Seit 1989 steht er an der Spitze der südafrikanischen Daimler-Niederlassung. Trotz seiner langjährigen Mitarbeit im Konzern will aber auch er nichts von einer Zusammenarbeit zwischen Unternehmen und Sicherheitskräften gewusst haben. „Ich bin sicher, dass die Geheimpolizei, wie sie damals gearbeitet hat, bei uns Spitzel hatte, das würde ich unterschreiben, aber dass das Unternehmen eine Zusammenarbeit hatte mit der Geheimpolizei oder innerhalb des Unternehmens, ich würde schwören, davon habe ich nie gehört."

Mthutuzeli Tom dagegen ist überzeugt: „Die im Management wussten das sehr gut, dass diese Typen Teil der Sicherheitskräfte waren. Das können sie nicht leugnen. Wozu? Die Verbindungen zwischen Management und den Sicherheitskräften waren doch absichtlich informell!" Widerspruchslos hat die Geschäftsleitung auch drei Jahre Gehalt bezahlt, wenn junge Weiße als Rekruten der südafrikanischen Armee in Namibia eingesetzt waren. „Sie sagen, sie haben die Gesetze des Landes befolgt", meint Tom, „wir sagen, sie haben auf Frauen und Kinder geschossen, das waren Menschenrechtsverletzungen!"

Auch im Ersatzteillager in Pinetown waren die Ex-Killer beschäftigt, bestätigt Henry van Wyk. Manche seien auf Stellen als Vorarbeiter befördert worden. Der Leiter des Sicherheitsdienstes war ein Ex-Polizist. „Der hatte alle notwendigen Kontakte. Wenn wir streikten, standen draußen immer Lastwagen mit Kameras. Sie haben uns auch bei Gewerkschaftsversammlungen gefilmt. Wir trafen uns auf einem Fußballfeld. Also es gab diese Verbindungen zwischen Leuten hier im Unternehmen und der Polizei." Sogar Gewerkschaftsmitglieder hätten sich als Spione betätigt, „die bekamen Uhren und Geld von der Firma, aber wir wussten das.“ Der Informationsfluss sei auch umgekehrt gelaufen. Wenn das Management wissen wollte, warum gestreikt wurde, dann riefen sie bei der Polizei an. Henry van Wyk hat sich damals vor den Nachstellungen der Apartheidschergen geschützt, indem er ständig seinen Wohnort wechselte. „Ab 1986 waren die Geschäftsleute untrennbar mit dem Staatsapparat verbunden“, analysiert der Betriebsrat bedächtig, „offen oder verdeckt waren sie Teil des Ganzen. Sie fühlten sich bedroht, vom ANC, von COSATU, von der Kommunistischen Partei und der UDF. Und darum haben sie sich um die Sicherheitskräfte geschart.“

Komplizen des Militärs

Ab Mitte der 80er Jahre begannen die Weißen in ihren luxuriösen Vorortvillen und Parkanlagen, auf ihren Golfplätzen und Yachten vage zu ahnen, dass sie die schwarze Mehrheit nicht ewig hinhalten und mit absurden Gesetzen, grotesken staatlichen Konstruktionen von „unabhängigen Homelands“ und nackter Gewalt ausschließen konnten, ja, dass sie auf diese Mehrheit angewiesen waren, um wirtschaftlich zu überleben. Trotzdem lehnten sie weiter starrsinnig alle Forderungen nach Machtübergabe ab. 1986 hatte P.W. Botha einen Ausnahmezustand verhängt und so auf die Unruhen und Proteste der Schwarzen reagiert. Die Truppen zogen in die Townships. Je weiter die Botha-Regierung den Ausbau ihrer Militärmacht und des Netzes ihrer Sicherheitsorgane vorantrieb, desto enger wurden die ausländischen Investoren darin eingebunden. Nach den ANC-Bombenanschlägen auf die SASOL-Ölraffinerien erließ die Regierung 1980 ein Gesetz zum Schutz strategisch wichtiger Einrichtungen, den National Key Points Act. Das Gesetz stellte zahlreiche Industrieanlagen unter besondere Überwachungs- und Geheimhaltungsbestimmungen, auch gegen den Willen der Unternehmensleitungen. Ausgewählt wurden vor allem Anlagen, „die so wichtig sind, dass ihr Verlust, ihre Beschädigung, die Unterbrechung der Produktion oder ihre Stilllegung der Republik schaden könnten.“ Die Geschäftsleitungen mussten die Sicherheit ihrer Fabriken garantieren, einen gesondert ausgebildeten Sicherheitsdienst einstellen und regelmäßig Bericht erstatten. Insgesamt sollen über 300 nichtmilitärische Produktionsstätten zu Schlüsselindustrien erklärt worden sein. Ob und welche Anlagen deutscher Zweigwerke auf der Liste standen, ist ungeklärt. Sicher ist, dass Atlantis Diesel Engines, das Motorenwerk, an dem Daimler zu über 12 % beteiligt war und das ausschließlich in Daimler-Lizenz Motoren herstellte, ein sogenannter National Key Point war. Rund 60 militärisch trainierte Männer mit 9-mm-Maschinengewehren und Pistolen sollen die Fabrik bewacht haben.

Daimler arbeitete aber nicht nur über seiner Motorenlizenz weiter mit dem Regime zusammen. In den Johannesburger Reparaturwerkstätten wurden Armeefahrzeuge repariert, überholt und für neue Einsätze präpariert. In East London wurden Armeefahrzeuge montiert. Champ erinnert sich: „Die haben hier große LKWs zusammengebaut, solche, die Häuser einreißen konnten. Für die Armee war es damals schwer, in die Townships reinzufahren, weil wir Straßenbarrikaden gebaut hatten mit Steinen und allem, was rumlag. Mercedes baute damals Laster mit sehr großen, sehr hohen Rädern, die flogen geradezu über diese Straßensperren. Diese Laster waren kurz und sehr hoch, ein zwei- oder dreijähriges Kind konnte da glatt drunter durch gehen. Der LKW konnte quasi klettern wie ein kleiner Panzer."

Auch die Kollegen in Pinetown erkannten Mitte der 80er Jahre, dass Mercedes Autoteile an die Armee lieferte. Henry van Wyk: „Wir erkannten die Teile an den Armeefarben und den Computercodes für die Adressen der Empfänger." Ein anderer Kollege weiß noch, dass ein Arbeiter die Teile zum Armeestützpunkt Jacobs fuhr und dort auspackte. „Mercedes bezahlte ihn dafür, dass er für das Militär arbeitete."

Und Neville Pennington, ein anderes Betriebsratsmitglied, hat selbst erlebt, dass Militärspezialisten nach der demokratischen Wende ins Daimler-Vertriebslager kamen. „Die waren von der technischen Abteilung der Streitkräfte und wollten sich ein paar Teile ansehen, die verändert werden sollten. Sie sagten, das sei nötig, weil die Casspirs und Unimogs Mercedes-Benz-Chassis hätten. Sie haben uns als Gewerkschafter um Erlaubnis gefragt, weil sie Proteste der Arbeiter befürchteten. Sie haben bestätigt, dass diese Fahrzeuge tatsächlich Mercedes-Benz-Chassis benutzen. Darum mussten sie hier diese technische Arbeit machen."

DaimlerChrysler bestreitet, dass Casspirs auf Benz-Chassis

gebaut wurden, bestätigt aber, dass „normale LKW-Elemente“ dafür geliefert wurden. Bis 1985 sollen zwischen 2.500 und 6.000 Unimogs nach Südafrika geliefert worden sein, einige davon in Bausätze zerlegt. Die Geschäftsleitung bleibt bis heute dabei, diese Unimogs seien aus dem normalen zivilen Programm gewesen. Auch bestreitet der DaimlerChrysler-Konzern, dass Unimogs in mehrfacher Weise umgerüstet wurden, etwa zum gepanzerten Mannschaftstransporter Buffel oder als Unterbau für den Raketenwerfer Valkiri. Aber diese letzten Anschuldigungen sind mit Fotos belegt.

Daimler-Benz war nicht allein. Nach dem Soweto-Schock 1976 und der zögerlichen Haltung in den folgenden Jahren setzten die deutschen Direktinvestitionen seit 1979 wieder kräftiger ein – mit einer Unterbrechung im Jahr 1983, als sich Südafrika in einer ernsten wirtschaftlichen Rezession befand; das Bruttosozialprodukt fiel, die Zins- und Inflationsraten stiegen. Briten und Amerikaner zogen im Zuge der Wirtschaftssanktionen langfristig Kapital in beträchtlichem Umfang ab; bis 1993 flossen insgesamt 36,6 Milliarden Rand an ausländischen, auch deutschen, Nettokapitalanlagen aus Südafrika ab. Die meisten deutschen Investoren aber hielten dagegen: Sie investierten in derselben Zeit 6,4 Milliarden Rand an Nettokapitalanlagen ins krisengeschüttelte Land am Kap. Sie nannten das „antizyklische Geschäftspolitik“. So behielten deutsche Unternehmen ihre Schlüsselstellung in der elektrotechnischen und chemischen Industrie (Hoechst und Bayer) sowie im Kraftfahrzeugbau. Für die deutsche KFZ-Industrie war Südafrika zum Beispiel 1984 das viertwichtigste Anlageland weltweit.

Das traute Einvernehmen zwischen Regime und deutschem Kapital beschreibt der damalige SPD-Abgeordnete Günter Verheugen: „Einmal im Jahr – meistens im April oder Mai – pflegte sich in Kapstadt oder Pretoria die Creme der deutschen Wirtschaft in Südafrika mit Ministern der Regierung Botha und Vertretern der regierenden Nationalen Partei zu treffen. Die Herren – es waren immer nur Herren – erörterten dies und das, wie es für die Geschäfte beider Seiten nützlich war, und trennten sich wieder. Die Treffen wurden diskret behandelt, denn sie hatten ein regelmäßiges Nachspiel: Ein Kassierer kam […] und trieb bei den deutschen Unternehmern eine Art Steuer ein – für die Parteikasse. Parteispenden zur Pflege der politischen Landschaft im Apartheidstaat. Organisiert wurden die diskreten Treffen bis 1985 von der Deutsch-Südafrikanischen Handelskammer. Im Jahr 1986 wurde das System geändert: Diesmal gab es die Einladung zum Spitzengespräch nur gegen Vorkasse. Nach Eingang der Zahlungen wurden BMW, Siemens, Bayer, Steinmüller, Deutsche Bank, Dresdner Bank und Commerzbank nach Kapstadt gebeten. Mercedes-Benz hatte ebenfalls bezahlt, war aber 1986 in Kapstadt nicht dabei."[8]

„Die deutschen Unternehmen bleiben" titelte die *Frankfurter Allgemeine Zeitung* im August 1985 und zitierte den Maschinen- und Anlagenbauer Linde AG: „Wir sind der Meinung, dass die wahrscheinlich auch von außen gesteuerten Unruhen kurzfristig zu keinen grundsätzlichen Veränderungen der politischen Strukturen führen werden. [...] Die augenblicklich überzogen dargestellte Lage hat auf die Linde-Aktivitäten und die künftigen Investitionen keinen Einfluss."[9] Sehr wahrscheinlich waren auch die Linde-Manager regelmäßige Gäste beim Jahresbankett, zu dem die Deutsch-Südafrikanische Handelskammer stets Ende Oktober einlud, meist in ein Luxushotel, meist unter Anwesenheit von bis zu 700 Personen. In der zweiten Hälfte der 80er Jahre wurden die politischen Emissäre aus Bonn, inzwischen von Kanzler Helmut Kohl gesandt, immer häufiger von den versammelten Geschäftsleuten ausgepfiffen und ausgebuht, wenn sie es wagten, „Reformen" in Südafrika einzufordern oder gar Menschenrechte und Demokratie für die Schwarzen. So bezeichnete der Vorstand der Kammer die Rede des Bonner Vertreters 1987 als „einen Haufen moralisierender und arroganter Bemerkungen am falschen Ort". Offensichtlich pflegte der größere Teil der westdeutschen Konzernvertreter weiter ein gutes und enges Verhältnis zur Minderheitenregierung. „‚Südafrika ist ein sehr bedeutender Markt für uns', erklärte selbst der Leiter von Mercedes gegen Ende eines verlustreichen mehrmonatigen Streiks", berichtet der *Kölner Stadtanzeiger* im November 1986[10], und der britische Informationsdienst *South Scan* schreibt ein Jahr später: „Siemens-Manager Sanne sagte ungerührt, dass seine Firmengruppe nach einer Präsenz von 125 Jahren in Südafrika kürzlich seine Vermögenswerte in Südafrika um 100 Prozent vergrößert habe."[11]

Sie dürften Desmond Tutus Worte von 1981 geflissentlich überhört haben. Der Generalsekretär des südafrikanischen Kirchenrates hatte sie ausdrücklich an Investoren gerichtet: „Diejenigen, die in Südafrika investieren, sollten dies bitte mit offenen Augen tun. Sie dürfen sich nicht mit der Annahme täuschen, sie täten damit etwas zum Wohle der Schwarzen. Zumindest diesen Humbug sollten wir jetzt loswerden. Diese Leute stützen eines der bösartigsten Systeme seit dem Nationalsozialismus. Sie sollten wenigstens wissen, was sie tun. So sehen Schwarze das."[12] Desmond Tutu erhielt 1984 den Friedensnobelpreis und wurde zwei Jahre später erster schwarzer Bischof von Johannesburg.

DEUTSCHE HELFER IN DER NOT

Die Schlacht in den Townships

Laurence Ntlokoa, der junge Löwe aus dem Township Kagiso, der Soweto-Aktivist und von der Staatsmacht Gefolterte und Gebannte, war 1983, im Jahr der rassistischen Verfassungsreform und der Gründung der United Democratic Front, UDF, 26 Jahre alt. Er durfte sich endlich wieder frei bewegen. Sein Freund Daniel Molefe besorgte ihm einen Job bei Hoechst. „Damals hatte Hoechst noch Verständnis für unsere Situation", erzählt Daniel. „Ich habe dem Personalchef erklärt, mein Freund sei so wie ich, engagiert im politischen Kampf, aber außerhalb der Fabrik." Daniel verriet dem Personalchef sogar, dass Laurence keine Arbeit finde, weil die Polizei ihn bei den potentiellen Arbeitgebern als Kommunisten denunziere. Laurence bekam einen Job und wurde bald in eine andere Fabrik befördert. Aber am Ende des Jahres war er schon wieder voll in der Politik engagiert. „Das passierte einfach", sagt er achselzuckend, „man kommt an einen Punkt, wo man denkt: Wenn ich jetzt aufhöre, dann war alles, was ich schon durchgemacht habe, umsonst." Dazu trugen auch kleine Erfahrungen bei Hoechst bei: „Ich war gut ausgebildet, aber als erstes musste ich Böden streichen!" Und auch bei Hoechst war es so wie überall: Weiße bekamen sofort bessere Positionen. „Da wusste ich: Es hatte sich noch gar nichts verändert."

Die 80er Jahre waren nicht nur die Jahre einer erstarkenden Gewerkschaftsbewegung, sie waren auch die Jahre der sogenannten Civics, der Bürgervereinigungen, die als Teil der UDF in jedem schwarzen Wohnviertel aus dem Boden schossen. Anfangs kämpften sie für das Bleiberecht der vielen schwarzen Familien, die den elenden Bedingungen in den Homelands entflohen und zu ihren Männern und Vätern in die Städte gezogen waren. Später griff der Befreiungskampf auf alle Lebensbereiche über: Mit Protesten an Universitäten und Schulen, in den Betrieben und Townships sollte Südafrika unregierbar gemacht werden. Die Verwaltungsstrukturen des Staates – repräsentiert durch die schwarzen, von der weißen Clique eingesetzten und mit ihr kollaborierenden Stadträte – sollten zerschlagen werden. Laurence Ntlokoa wurde 1984 zum Generalsekretär der Civic in Kagiso gewählt. Das war eine große Herausforderung. „Anders als 1976 wollten wir, dass sich alle Bewohner und Bewohnerinnen an den Kampagnen beteiligten. Also gingen wir von Haus zu Haus und versuchten, die Älteren in unsere Aktionen einzubinden.“ 1984 begann die Bürgervereinigung in Kagiso mit einem Mietboykott, dann folgte „ein sehr erfolgreicher Busboykott, der die Busgesellschaft der Weißen tatsächlich zwang, sich aus dem Township zurück zu ziehen.“ Und dann noch ein Konsumboykott weißer Läden, der den Besitzern zeigen sollte, dass die Wirtschaftsmacht der Schwarzen sie in den Ruin treiben konnte. Laurence galt als disziplinierter und talentierter Organisator, berichten seine alten Bekannten. Die Leute hätten ihm vertraut, weil er sie respektierte. „Er war der beliebteste Sohn von Kagiso“, sagt die Ordensschwester Bernhard, die ihn lange kennt, „aber er hatte auch viele Feinde. An erster Stelle den Staat.“

Die Selbstorganisationen und ihre Aktivisten waren ausgemachte Ziele des National Management Systems, NMS. Am 12. Juni 1986, vier Tage vor dem zehnten Jahrestag der Schülerrevolte von Soweto verhängte die Apartheidregierung den Ausnahmezustand über das ganze Land. Notstands- und Sicherheitsgesetze wurden verabschiedet, die Medien zensiert. Das NMS und seine weit verzweigten Ableger drangen in die Townships vor. In den Mini-Joint Management Centres saßen Stadträte, Verwaltungs- und Regierungsbeamte, zuständig etwa für Bildung und Transport. Ein Polizeioffizier im Joint Operation Centre (JOC) kommandierte und koordinierte die Sicherheitskräfte: die Armee, die Lokal-, die Sicherheits-, die Aufstandsbekämpfungs- und die Gemeindepolizei. Überwachung und Spitzeldienste besorgte das Joint Intelligence Committee, (JIC). Die Uniformierten kontrollierten die Einfahrten zu den Townships, patrouillierten in ihren hohen gepanzerten Mannschaftswagen mit den Schießscharten durch die Straßen, bauten Blockaden, durchsuchten Häuser und nahmen Aktivisten fest. Andere Einheiten beobachteten die Anführer und sammelten alle verfügbaren Informationen über Strukturen der Bürgerbewegung, ihre Zusammenkünfte und ihre Funktionäre. Sie kannten ihre Slogans und T-Shirts und versuchten, ihre Zei-

Wir klagen die Konzerne an
Jackson Maake war ein Spitzel der Polizei. Im Sommer 1986 wurde er von der Polizei entführt und auf das verlassene Gelände einer Zementmine nahe Pretoria gebracht. Die Polizisten beschuldigten ihn, ein Doppelagent zu sein, was er abstritt. Unter der Folter nannte er Andrew Makupe als seinen Kontaktmann zur bewaffneten Untergrundorganisation MK. Der war tatsächlich ein Kurier für den ANC. Makupe wurde ebenfalls entführt und nannte unter der Folter seinen Comrade Harold Sefolo. Er musste ihn anrufen und ein Treffen für den Abend ausmachen. Sefolo wurde ebenfalls abgefangen. Um noch mehr Informationen herauszuquetschen, töteten die Polizisten Maake mit Elektroschocks vor den Augen der andern beiden. Danach brachten sie auch Sefolo und Makupe um. Die Polizei lud die Leichen in einen Kleinbus, den sie auf eine Landmine fuhren. Der Bus explodierte. So sollte der Eindruck entstehen, die Jungen hätten sich selbst in die Luft gejagt.
Die Mutter von Jackson Maake, die Frauen von Harold Sefolo und Andrew Makupe sind Klägerinnen der am 12. November 2002 eingereichten Klage von Apartheidopfern u.a. gegen die Deutsche Bank, die Dresdner Bank, die Commerzbank, gegen Rheinmetall und DaimlerChrysler. Sie klagen die Unternehmen der Mittäterschaft an, weil sie das Apartheidregime unterstützt haben.

chensprache zu lernen. Ein Netz geheimer Spitzel und allgegenwärtiger Uniformierter legte sich über die Viertel der Schwarzen. Der Aufstand sollte erstickt und die Kontrolle über die wildgewordenen Afrikanerinnen und Afrikaner wiedergewonnen werden.

Zehn Stunden vor der Erklärung des Ausnahmezustandes wurde Laurence Ntlokoa verhaftet. „Das war eine militärische Operation, wie in einem Krieg. Um Mitternacht waren plötzlich alle Telefone im Township unterbrochen, dann kamen Konvois von Polizeiwagen, die sich aufteilten. Zu meinem Haus kamen drei Wagen, so wie bei allen Aktivisten der Bürgerkomitees. Das geschah alles zur gleichen Zeit: Als sie beim Generalsekretär an die Tür klopften, taten sie das auch beim Schatzmeister und beim Vorsitzenden. Und dann saßen wir alle zusammen die ganze Nacht in der Polizeistation. Da warteten mehr als 100 Leute.“ Wieder verbrachte Laurence Monate im Gefängnis. Immerhin musste er sich in dieser Zeit keine allzu großen Sorgen um den Lebensunterhalt seiner Familie machen. Die Firma Hoechst zahlte seinen Lohn weiter. Eine Studie des

Genfer Instituts für Forschung und Information über multinationale Konzerne erbrachte 1987, dass die meisten ausländischen Unternehmen dies ablehnten oder die Löhne für die Dauer der Haft um die Hälfte kürzten. Die Hoechst-Tochter gab sich liberal. Geschäftsführer Reinhard Traub sagte später dazu, Hoechst habe immer geglaubt, durch Präsenz vor Ort „am besten zu den erforderlichen Änderungen und Erneuerungen in Südafrika beitragen zu können“. Ausgerechnet in der Ära der sogenannten Reformen durch den letzten weißen Präsidenten ab 1990 mussten sich die Hoechst-Beschäftigten jedoch plötzlich mit Repressionen und Schikanen auseinandersetzen …

In den ersten zwei Monaten nach Verhängung des Ausnahmezustandes inhaftierten Polizei und Armee mehr als 8.000 mutmaßliche Aktivisten. Offener Widerstand war kaum noch möglich. Dennoch ließ sich die Koalition aus Kirchen, Gewerkschaften und Bürgerkomitees nicht zerbrechen. Die Menschen waren sich bewusst, dass sie ihre gebündelten Kräfte als Arbeiter, als Verbraucher, als Mieter und Gewerkschafter einsetzen mussten, um Veränderungen zu erzwingen. Sie hatten den Respekt vor dem weißen Mann endgültig verloren. Der Versuch P.W. Bothas, die Mehrheit der Bevölkerung zu spalten und einige wenige Verbündete wie die Inder und Farbigen in die exklusive Wagenburg des auserwählten burischen Volkes hineinzuholen, war gescheitert. Die Geschäftswelt reagierte gespalten. 1986, als die Unruhen ihren Höhepunkt erreichten, schloss sich das Kapital der staatlichen Repressionspolitik an. Eine schlüssige Strategie hatten die Unternehmer jedoch nicht. Sie hofften auf ruhigere Zeiten, auch wenn sie längst wussten, dass die Ausgebeuteten sich nun weiter radikalisieren würden. Einige wenige Geschäftsleute nahmen Kontakt zum ANC im Exil auf, um ihre Möglichkeiten für die Zeit nach der Apartheid auszuloten. „Wir dürfen auf keinen Fall zulassen“, meinte ein hoher Manager des Bergbaukonzerns Anglo-American, „dass mit der Abschaffung der Apartheid auch die freie Wirtschaft zugrunde geht.“[1]

Die Stunde der Wahrheit: Wirtschaftssanktionen

Die erneute Machtdemonstration der Regierung, die martialischen Methoden der Polizei und der hinter ihr stehenden größten Armee des Kontinents erregten die Weltöffentlichkeit. „Jetzt ist die Stunde der Wahrheit für die westlichen Länder gekommen", erklärte der Generalsekretär der UDF, Popo Molefe, „sie können sich nicht mehr herausreden. Wir erwarten nicht, dass irgendwelche Staaten ihre eigenen Interessen außer Acht lassen. Wir wissen, dass sie nie umfassende Sanktionen bewirken werden. Aber sie könnten doch selektive Sanktionen beschließen, um zu zeigen, dass sie es ernst meinen. Welches Interesse haben Sie denn an dieser weißen Minderheitsregierung?" Er fügte hinzu: „Botha wahrt seine Macht mit Hilfe der Großunternehmen."[2] Die UDF wandte sich direkt an die Investoren: „Nachweislich unterstützt Ihre kontinuierliche Teilnahme an der südafrikanischen Wirtschaft die Apartheid und ermutigt die kriegerische und gewalttätige Politik der Botha-Regierung. Sind Sie weiterhin gewillt, ein Parteigänger des Völkermordes zu sein?"[3]

Die ersten Forderungen, das Apartheidregime durch Wirtschaftssanktionen zu Fall zu bringen, waren schon Mitte der 60er Jahre nach dem Massaker in Sharpeville in Großbritannien lautgeworden. Eine zweite Welle folgte nach den Schüleraufständen von Soweto Mitte der 70er Jahre. Dem 1973 verhängten Ölembargo der OPEC-Länder gegen Südafrika war 1977 das völkerrechtlich verbindliche Waffenembargo der Vereinten Nationen gefolgt. Industrieländer wie Schweden hatten schon 1979 Neuinvestitionen in Südafrika verboten. Die westdeutschen Industriellen hatten sich widerwillig und gegen anfänglichen Protest bereit erklärt, den EG-Verhaltenskodex von 1977 einzuhalten. Auch weil sie wussten, dass er so ernst nicht gemeint war. Das stellte sich zum Beispiel auf einer Sitzung der South Africa Foundation heraus, einer der höchst wirksamen Propaganda-Agenturen des Regimes, die sich als „diplomatischer Dienst der privaten Wirtschaft Südafrikas" ausgab. Im Oktober des Jahres berichtete der Vorsitzende der Deutsch-Südafrikanischen Handelskammer, Dr. Rauschenbach, von einem Treffen zwischen Auswärtigem Amt und Arbeitgebern in der Bundesrepublik. Dabei wurden die offensichtlich beunruhigten Vertreter der Wirtschaft „darauf hingewiesen, dass der Kodex in Bonn ganz klar angesehen würde als Instrument der Verhinderung von Sanktionen, die nicht erwünscht seien", so das Protokoll der Sitzung.[4] Die deutschen Konzerne konnten außerdem sicher sein, dass ihr Verhalten nicht von einer unabhängigen Institution überprüft wurde. Im Gegenzug hatten sie sich verpflichtet, jährlich über Fortschritte bei den Lebens- und Arbeitsbedingungen ihrer Beschäftigten zu berichten. Als dies erstmals Anfang 1980 der Fall war, erschien eine wenig aussagekräftige Zusammenfassung, die aber immerhin erkennen ließ, dass nur 14 von 46 Unternehmen die im Kodex geforderten Mindestlöhne (50 Prozent über dem südafrikanischen Existenzminimum) zahlten. Im übrigen entwickelte sich der EG-Kodex zu einer Farce. Die Angaben der einzelnen Unternehmen blieben geheim; die von der Bundesregierung veröffentlichten anonymen Berichte waren sehr ungenau und ab 1982, seit der Kanzlerschaft Helmut Kohls, ergaben die Reporte mit steter Regelmäßigkeit, dass sich die Arbeitsbedingungen in deutschen Tochterunternehmen „trotz der schwierigen Rahmenbedingungen" verbessert hätten.[5] Die Industrie lehnte die immer wieder von Apartheidgegnern geforderte obligatorische Berichtspflicht wegen „ordnungspolitischer Bedenken" ab: Das marktwirtschaftliche System und das deutsche Gesellschaftsrecht gerieten in Gefahr, zeterte der Bundesverband der Deutschen Industrie und bat um einen „Vertrauensvorschuss".[6] Auch pures rassistisches Gedankengut war Mitte der 80er Jahre selbst in höchsten Kreisen kein Tabu. So befleißigte sich der mit höchsten Würden ausgezeichnete ehemalige Leiter der Hochschule für Wirtschaft und Politik und Direktor des Hamburgischen Weltwirtschaftsarchivs, HWWA, der Sozialdemokrat Heinz-Dietrich Ortlieb, in seinem Buch *Was wird aus Südafrika?* gegen die verbohrten „linkslastigen Wissenschaftler und Pastoren", „emotionalisierten Frauenvereine" und „anarcho-liberalen Revolutionsfreunde" zu argumentieren und vor „überstürzter Entkolonialisierung" zu warnen. Denn, so Ortlieb, der verständliche Wunsch der Schwarzen nach Wohlstand „bedeutet noch nicht, dass sie auch fähig und bereit sind, die Bedingungen und Verpflichtungen aus einem solchen Wohlstand zu erkennen und zu akzeptieren. Das gilt heute wahrscheinlich selbst für die gebildeten Schwarzen, die trotz europäischer Eloquenz noch keineswegs genügend Verständnis für organisatorisch-ökonomische und naturwissenschaftlich-technische Zusammenhänge entwickelt haben. So wird verständlich, warum deutsche Lehrer und Pastoren die ‚Palaver'-Intelligenz ihrer schwarzafrikanischen Kollegen, etwa die von Bischof Tutu bewundern, ohne zu begreifen, dass diese Intelligenzart sie noch nicht ohne weiteres in den Stand setzt, das wirtschaftliche Elend ihrer Landsleute beseitigen zu helfen." Das brauche Zeit und ließe sich nur in einer „autoritären Demokratie" mit Notverordnungen regeln. Natürlich spricht sich der Wirtschaftsprofessor gegen den „feindseligen" Boykott Südafrikas und für finanzielle Unterstützung des Regimes aus.[7]

Trotz ähnlich rassistischer Tendenzen begehrten in anderen Teilen der Welt mehr Menschen gegen das himmelschreiende Unrecht in Südafrika auf. Mitte der 80er Jahre existierte auf internationaler Ebene eine breite Palette wirtschaftlicher Sanktionen. Südafrika war im Sport, in der Kultur und der Wissenschaft international isoliert. Vor allem jenseits des Atlantiks waren die US-amerikanischen Unternehmen und Banken in eine grundsätzliche Auseinandersetzung verstrickt. Ihre Aktionäre setzten ihnen hart zu, klar zu beweisen, dass sie gegen Apartheid seien und dass der Kapitalismus auf Seiten von Demokratie und Gerechtigkeit stehe. Sie forderten den Abzug von Investitionen aus Südafrika, das sogenannte Desinvestment. Dazu hatten einzelne Bürger, Gruppen und Kommunen ihre Geschäftsverbindungen zu Unternehmen und Banken abgebrochen, die mit Südafrika Geschäfte machten. Dieses sogenannte Divestment erwies sich als sehr wirksame Strategie. Bis Ende 1985 hatten fünf US-Bundesstaaten, 14 Großstädte, viele Pensions-, Universitäts- und Familienfonds ihre Südafrikabeteiligungen abgegeben. Viele Banken und Firmen zogen sich aus Südafrika zurück, um so ihre Aktionäre zu beruhigen, unter anderen Apple, Coca-Cola, Ford und Pepsi. Später folgten auch Großunternehmen wie General Motors und IBM. Sie verließen den Apartheidstaat nicht aus moralischen Gründen und aus Fürsorge für die Schwarzen, sondern aus Angst vor roten Zahlen und dem Verlust ihres Renommees. Zwar gehörte der US-amerikanische Präsident Ronald Reagan zusammen mit der britischen Premierministerin Margaret Thatcher und Bundeskanzler Helmut Kohl zur Troika der unbeugsamen Sanktionsgegner, aber er wurde im US-Senat in einer historischen Entscheidung überstimmt. Das Sanktionsgesetz der USA von 1986 verlangte zum Beispiel, dass der US-Vertreter beim Internationalen Währungsfond gegen Anleihen für Südafrika stimmte – es sei denn, der Finanzminister versicherte höchstpersönlich vor dem

Senat, eine neue Anleihe werde die durch die Apartheid geschaffenen Ungleichheiten vermindern helfen. Aufgrund dieser Auflage erhielt Südafrika für die nächsten zehn Jahre keine weiteren IWF-Darlehen. Südafrika konnte aber weiter aus einem Sonderfond Finanzmittel beantragen. Nach dem Sanktionsgesetz wurden die staatlichen Handelskredite reduziert und neue Kredite an den Apartheidstaat untersagt. Die US-Regierung kündigte das Abkommen zur Vermeidung der Doppelbesteuerung auf und verbot die Lieferung von Waffen, Dual-Use-Gütern, Erdölerzeugnissen, Computern sowie Material und Daten für die Atomwirtschaft nach Südafrika. Bereits im Januar 1980 hatten die USA formell ihre Exporte von Reaktortechnologie und angereichertem Uran an Südafrika beendet, weil Südafrika den Atomwaffensperrvertrag nicht unterzeichnet hatte. Dennoch drückte Reagan beide Augen zu, als ein Jahr später herauskam, dass zwei US-amerikanische Firmen als Zwischenhändler und Broker das südafrikanische AKW in Koeberg (ESCOM) mit angereichertem Uran versorgt hatten.

Angesichts des steigenden Drucks von außen rüstete das Apartheidregime zu seinem letzten Überlebenskampf. Südafrika befand sich in der schwersten Rezession seit 30 Jahren. Pretoria hatte sich endgültig übernommen. Jahrelang hatte die weiße Minderheit die gesamte Volkswirtschaft der Stabilisierung ihrer Herrschaft untergeordnet. Der Goldexport hatte ihnen noch immer ein beachtliches Wirtschaftswachstum beschert, ausgenommen die Jahre konjunktureller Krisen in den westlichen Abnehmerländern. Mit internationaler Unterstützung hatten die Weißen ganze Industriezweige aufgebaut, wie etwa das Kohleverflüssigungsprojekt SASOL (die Werke II und III kosteten sechs Milliarden Rand, etwa 13,5 Milliarden Mark) und den Stromkonzern ESCOM, ein mittlerweile hoch verschuldetes Staatsunternehmen, das viel effektiver mit billigem Strom aus Mosambik hätte wirtschaften können. Kostspielig war vor allem die unablässige Aufrüstung der Sicherheitskräfte und des Repressionsapparates. Wenn man alle im Budget versteckten Posten für den Machterhalt einrechnet – also Geheimdienste, Straßenbau, Polizei, Gefängnisse, Justiz, Homelands und deren Sicherheitskräfte –, waren zum Beispiel 1983/84 rund 40 Prozent des Gesamthaushaltes volkswirtschaftlich unsinnig angelegt und dienten einzig und allein der Unterdrückung der Bevölkerung – auch in den Nachbarländern. Vom besetzten Namibia bis hinein nach Botswana, Sambia und Simbabwe überzogen die südafrikanischen Kriegsherren ganze Regionen und Städte mit Angriffen, Überfällen und Attentaten. In Angola und Mosambik bekämpften sie zusammen mit den vom Westen alimentierten Rebellenbewegungen die sozialistischen Regierungen. Kein Wunder, dass die Kassen sich leerten; der Rand verlor an Wert, die Pro-Kopf-Einkommen sanken auf einen Tiefpunkt, die Industrie fuhr ihre Produktion herunter und die Investitionen blieben aus. Der Kapitalabfluss machte 1985 4,8 Prozent des Bruttoinlandproduktes zu Marktpreisen aus und 1993 immer noch 1,3 Prozent. Die Zeit der profitablen Geldanlagen und risikolosen Profite schien endgültig vorbei zu sein. Drei Viertel der schwarzen Bevölkerung sprachen sich für umfassende Sanktionen aus, um das Regime endgültig in die Knie zu zwingen. Die Befreiungsbewegungen, die Gewerkschaften, die Bürgerrechtsorganisationen und die Kirchen forderten bei jeder Gelegenheit, Druck von außen auszuüben, um den Niedergang zu beschleunigen. Seit 1984 hatten 393 ausländische Unternehmen ihre direkten Investitionen aus Südafrika abgezogen: 209 stammen aus den USA, 84 aus Großbritannien, 34 aus Westdeutschland und 16 aus Kanada. Eine Folge war, dass südafrikanische Wirtschaftskreise von der Regierung jetzt zwar wirtschaftliche und soziale Gleichberechtigung für die Schwarzen verlangten. Das fundamentale demokratische Prinzip „one man – one vote“, das Wahlrecht, die Gleichberechtigung aller Bürger, erwähnten sie nicht. Die Kontrolle wollten die Bosse doch lieber weiter in weißen Händen wissen.

Viele Länder hatten ähnlich wie die USA Mitte der 80er Jahre nationale Sanktionen beschlossen: Von Belgien bis Brasilien, von Dänemark bis Japan. Die Maßnahmen reichten vom Abbruch der Flugverbindungen und dem Rückruf der Botschafter bis zum umfassenden Handels- und Investitionsstop. So lag etwa die Summe der realen fixen Bruttoinlandsinvestitionen in Südafrika im dritten Quartal 1989 um sieben Prozent niedriger als ihr Durchschnitt in 1985. Dieser wiederum lag 13,5 Prozent niedriger als die durchschnittlichen Inlandsinvestitionen von 1981, dem letzten Jahr, in dem Investitionen einen Rekord erzielten.

Nur die Bundesrepublik hatte es bisher bei der halbherzi-

Wir klagen die Konzerne an

Die „10 von Nietverdiend" verschwanden im Juni 1986. Der berüchtigte Geheimpolizist Joe Mamasela lockte die jungen Aktivisten aus dem Township Mamelodi mit der Lüge, er werde sie nach Botswana zum militärischen Trainingslager des ANC bringen. Stattdessen brachte er sie in den kleinen Ort Nietverdiend, wo sie von der Sicherheitspolizei und Soldaten erwartet wurden. Man füllte sie mit Bier ab und gab ihnen Spritzen, bis sie das Bewusstsein verloren. Dann packten die Schergen die zehn jungen Männer in einen Lastwagen und sprengten ihn in die Luft.

Die Verwandten von Thomas Phiri (22), Abraham Makolane (17), Samuel Masilela (16), Sipho Sibanyoni (15), Jeremia Ntuli (17), Jeremia Magaule (16), Morris Nkabinde (19), Matthews Lerutla (15), Steven Makena (18) und Elliot Sathege (20) sind Kläger der am 12. November 2002 eingereichten Klage von Apartheidopfern u.a. gegen die Deutsche Bank, die Dresdner Bank, die Commerzbank, gegen Rheinmetall und DaimlerChrysler.

gen „Strafmaßnahme" belassen, „bestimmte" Exportkredite zu streichen. „Der Druck nach Sanktionen Bonns gegen Südafrika wird stärker" titelte die *Frankfurter Allgemeine Zeitung* Ende Juli 1985 und schürte Angst: „130.000 Arbeitsplätze in der Bundesrepublik gefährdet – Banken und Anleger werden unsicher." Der „beständige Druck von kirchlichen, gewerkschaftlichen und studentischen Gruppen" beeinflusse Anlageberater, „ebenso der lästige wie unverhältnismäßige Zeitaufwand, den sie der Beantwortung von Vorwürfen widmen müssen, für Investitionen, die oft nur ein Prozent der Gesamtanlagen betragen. Zunehmend geraten die Manager in die Defensive, die Aktivisten in die Offensive. Dies gilt besonders bei Hauptversammlungen von Aktiengesellschaften."[8] Der US-Botschafter in Bonn, Richard Burt, plädierte in einer Rede im April 1986 vor der deutsch-amerikanischen Handelskammer in München dafür, die Außenwirtschaftspolitik gezielt für politische Zwecke einzusetzen. „Selbst wenn wir die Wirksamkeit von Sanktionen in Zweifel ziehen, gibt es für ihre Verhängung bisweilen eine moralische Begründung. Möchten wir wirklich mit einer Regierung zu tun haben, deren Verhalten wahrhaft verwerflich ist?"[9] Das Auswärtige Amt schrieb an die Wirtschaftsverbände, die Kritik der schwarzen Opposition am wirtschaftlichen Engagement in Südafrika steige erheblich an und bereite zunehmend Sorge. Die „neutrale“ Haltung der deutschen Niederlassungen stoße bei schwarzen Führern auf Unverständnis und Misstrauen. Man befürchte Betriebsausfälle, Streiks und andere Störungen. Die vier Spitzenverbände der Deutschen Wirtschaft, der Bundesverband der Deutschen Industrie, der Deutsche Industrie- und Handelstag, der Bundesverband des Deutschen Groß- und Außenhandels und der Bankenverband beeilten sich mit einer Antwort. Darin verurteilten sie die Politik Pretorias, bezeichneten aber Sanktionen und den Rückzug des privaten Auslandskapitals weiterhin als falsche Reaktion. Sie forderten die Überwindung der Apartheid, betonten aber, dass Südafrika auf eine funktionierende Wirtschaft angewiesen sei.[10] Die Zeit kommentierte süffisant: „Die deutschen Unternehmen haben das Kunststück fertiggebracht, gleichzeitig den Schwarzen Unterstützung bei der Abschaffung der Apartheid durch Reformen und der weißen Regierung ihren Widerstand gegen Sanktionen zuzusichern. Sie haben ein Alibi für alle Fälle.“[11] Im übrigen blieben sie eben unpolitische Kaufleute und gingen weiter ihren Geschäften nach. Die deutschen Exporte nach Südafrika stiegen nach einem kurzen Einbruch 1986 in den folgenden drei Jahren weiter an und überflügelten damit andere wichtige Handelspartner. Eine hochrangige internationale Kirchendelegation, die Anfang 1989 zahlreiche Länder bereiste, um für Sanktionen zu werben, kam in ihrem Bericht zu dem Ergebnis, dass in den ersten acht Monaten des Jahres 1988 der Export um fast 40 Prozent angestiegen war. Und weiter heißt es: „Es war klar, dass Westdeutschland aus den US-Sanktionen Vorteile zog. Ein Beispiel waren die vermehrten Lufthansa-Flüge nach Südafrika und von dort über die BRD in die USA. Sie waren ein direkter Ersatz für die PAN AM-Flüge.“[12] Bei Außenminister Hans-Dietrich Genscher, Bundespräsident Richard von Weizsäcker, Kanzler Helmut Kohl und dem CDU-Abgeordneten und langjährigen aktiven Südafrikalobbyisten Hans Stercken holten sich die Kirchenleute eindeutige Abfuhren. Die Bundesregierung genehmigte weiter Exporte, die nach der Ausfuhrliste Waffen oder Atommaterial betrafen. Es habe sich aber stets um nichtmilitärische Güter gehandelt, hieß es. Während die Welt versuchte, dem Regime das Wasser abzugraben, ließen deutsche Geschäftemacher ihre Kassen klingeln.

Auch in der Zeit schwersten Aufruhrs vergab Iveco-Magirus-

Deutz eine Lizenz zur Herstellung eines Schwertransporters für die Armee und lieferte zusätzlich weiterhin „zivile" Serienteile. Noch Mitte 1985 schickte Messerschmidt-Bölkow-Blohm fünf Militär- und Polizeihubschrauber nach Südafrika, die nachweislich gegen Demonstranten eingesetzt wurden. Insgesamt lieferte MBB 18 Hubschrauber, ganz legal. Ende 1986 wurde ruchbar, dass die bundeseigene Howaldts-Werke/Deutsche Werft Blaupausen zum Bau von U-Booten nach Südafrika geliefert haben sollte. Ein eigens eingesetzter Untersuchungsausschuss des Bundestages konnte den Sachverhalt nicht endgültig klären. Obwohl unzählige Indizien dafür sprachen, dass das Geschäft – auf den Weg gebracht von Franz Josef Strauß – von allerhöchster Stelle Rückendeckung erhalten hatte: von Kanzler Kohl, Außenminister Genscher, Finanzminister Stoltenberg und Verteidigungsminister Wörner. Bereits Mitte 1985 hatten die beteiligten Firmen ihr ungesetzliches Vorgehen selbst bei Wirtschaftsminister Bangemann angezeigt. Stoltenberg sorgte dann dafür, dass nicht die Staatsanwaltschaft, sondern die ihm unterstellte Oberfinanzdirektion in Kiel ermittelte. Ein Alibi für alle Fälle, stellten die oppositionellen Grünen später fest. Tatsächlich erfolgte im Januar 1988 ein „Freispruch" durch die Finanzaufsicht. Erst nachdem die Vereinten Nationen das U-Boot-Geschäft im Herbst 1989 verurteilten, wurde die Kieler Staatsanwaltschaft tätig. Die SPD-Mitglieder des Ausschusses kamen nach vier Jahren zu dem Ergebnis, dass die Bundesregierung von dem Geschäft wusste und nichts unternommen habe, um es zu verhindern, dass sie die Verantwortlichen geschützt, die Strafverfolgung verzögert und erschwert und die eigene Verantwortung zu vertuschen versucht habe. 1992 wurde das Ermittlungsverfahren wegen fehlenden hinreichenden Tatverdachts eingestellt.

Der U-Boot-Handel war nicht der einzige. 1988 genehmigte die Bundesregierung der Bremer Rüstungsfirma den Export von Multi-Sensoren-Plattformen nach Südafrika. Mit den elektronischen Geräten wollten die Südafrikaner angeblich Wettersatelliten beobachten. Erst 1989, als eine Plattform Südafrika schon erreicht hatte, kündigte die westdeutsche Regierung die Lizenz. Denn, so der Regierungssprecher, der Verkauf solcher Plattformen verletze das UN-Waffenembargo. Das zehn Millionen Mark teure Gerät kann die Flugbahn von Raketen bestimmen.

Daimler Benz hatte inzwischen 51 Prozent der Anteile an MBB übernommen.

Dennoch zeigten die internationalen Sanktionen Wirkung. Selbst südafrikanische Politiker konnten das nicht länger bestreiten. So stellte der südafrikanische Finanzminister Barend du Plessis bei der Vorstellung des Haushalts im Parlament im März 1988 unumwunden fest: „Unsere Wirtschaft ist durch eine Reihe von politisch motivierten und international koordinierten den Wettbewerb einschränkenden Maßnahmen lahmgelegt." Ein Jahr später wurde er noch deutlicher: „Die Geschichte wird diese Ära kennzeichnen als eine, in welcher die erste Sorge das wirtschaftliche Überleben angesichts eines international organisierten Sturmangriffs auf die Wirtschaft war." Beinahe resigniert fügte er hinzu: „Irgendwann haben wir keine ausländischen Devisen mehr, und dann – nachdem schon unendlicher Schaden entstanden ist – wird den Wirtschaftsführern und den Politikern die elementare Wahrheit aufgehen, dass kein Land allein bestehen kann. Die Schlussfolgerung heißt für uns eindeutig, dass wir sämtliche Kräfte dazu aufbieten müssen, aus der uns aufgenötigten Isolation mit Hilfe politischen Fortschritts und korrekter wirtschaftlicher Maßnahmen auszubrechen."[13] Dass die Sanktionen tatsächlich den Wandel in den Köpfen der weißen Machthaber beschleunigten, bestätigte 1991, nach den vom neuen Präsidenten Frederik Willem de Klerk angekündigten Reformen und nach der Freilassung Nelson Mandelas, erstmals offiziell Justizminister Kobie Coetsee: „Internationale Sanktionen haben die Nationalpartei und die Regierung gezwungen, ihre Apartheidpolitik hin zu einer Machtteilung und zu Verhandlungen zu verändern." Bei der Eröffnung des Kongresses seiner noch immer regierenden burischen Nationalpartei sagte Coetsee weiter, dass es für die Regierung ein großer Moment war, als die USA ihre Sanktionen aufhoben. „Wir haben daran gearbeitet, dass dieses Gesetz verschwindet. Wir waren total überzeugt, dass dieses Gesetz fallen musste, so dass die Regierung wieder Zugang zum Internationalen Währungsfond bekommen konnte."[14]

Unter dem steigenden internationalen Druck rang sich auch die Europäische Gemeinschaft schließlich zu Sanktionen durch. Im September 1986 einigten sich die Mitgliedsländer auf ein Embargo für Eisen, Stahl und Goldmünzen sowie auf einen Investitionsstop. Die Westdeutschen hatten sich mit ihrem Nein gegen einen Importstop für Kohle durchgesetzt. Diese schlappen EG-Sanktionen trafen das Regime in Pretoria zwar kaum, aber immerhin waren sie ein Signal, dass auch die unverbrüchlichen europäischen Freunde sich anschickten, das Lager zu wechseln, zumindest nach außen hin. Tatsächlich vertraten viele Manager südafrikanischer Tochterfirmen europäischer Konzerne weiterhin äußerst reaktionäre Ansichten. Das belegt eine Studie des Genfer Instituts für Forschung und Information 1987. In vertraulichen Interviews hatten die Bosse offenbart, dass sie von der in Aussicht stehenden Befreiung Südafrikas weniger angetan waren als ihre US-amerikanischen Kollegen; aus Angst, die Schwarzen hätten immer noch eine „tribale Mentalität“, also sie seien dem Stammesdenken verhaftet und ein zu rascher Übergang in die Demokratie werde zu Konflikten und Katastrophen führen.[15]

Minimal anständiges Verhalten: Sanktionen light

„Viva NUMSA! Viva!!“ John Gomomo, Vertrauensmann der Metallarbeitergewerkschaft bei Volkswagen Südafrika, hebt die Faust. „Viva, Working Class Struggle!“ – „Viva!!!“ antworten laut und kräftig wie aus einer Kehle die versammelten Arbeiter. „Forward with Socialism!“ – „Forward!!!“ – „Amandla!“

Rund 200 Vertrauensmänner haben sich in die Stuhlreihen des Konferenzraumes im neuen NUMSA-Gebäude in Port Elizabeth gedrängt. Neugierig betrachten sie die weißen Besucher, die vorn auf dem Podium neben dem Vorsitzenden Platz genommen haben. „Genossen“, dröhnt Gomomo mit einer Autorität, die allein einen ganzen Saal ausfüllen könnte, „seid willkommen. Ihr seid hierher gereist, um euch unsere Probleme anzuhören…“ Die achtköpfige Delegation aus Mitgliedern der IG Metall und Mitarbeitern der Evangelischen Kirche ist nach ihren Besuchen beim Automobilzulieferer August Läpple und bei Mercedes-Benz in East London im Juni 1989 nun bei den VW-Kollegen in Port Elizabeth angekommen. Die haben viele Fragen: „Wenn die VW-Arbeiter hier eine Aktion machen – könnt ihr uns dann in Deutschland zum Beispiel mit einem Streik unterstützen?“

„Ja, das müssten wir tun, aus Solidarität“, lautet die vorsichtige Antwort der VW-Betriebsrätin Renate Müller, „aber dafür müssen wir noch viel arbeiten und unsere Kollegen überzeugen."

Nächste Frage: „Werdet ihr den deutschen Firmen sagen, dass sie sich aus Südafrika zurückziehen sollen?" Renate Müller antwortet entgegen der offiziellen Position ihrer Gewerkschaft: „Wenn ihr das fordert, ist das nicht unsere Entscheidung, dann werden wir die Forderung unterstützen."

Ein alter Arbeiter erhebt sich, spricht bedächtig: „Ich glaube, wenn Sanktionen verhängt würden, gäbe es große Veränderungen in Südafrika. Die in Europa sagen, Sanktionen würden den Schwarzen großes Leid bringen. Aber wir leiden jetzt, hier und heute geht es uns schlecht. Wir überleben gegen den Willen der Weißen. Darum können uns Sanktionen nichts anhaben. Ich würde mich freuen, wenn die deutschen Arbeiter mehr darüber nachdächten und versuchten, uns zu unterstützen."

Die deutschen Besucherinnen und Besucher sind beeindruckt. Sie wollen den südafrikanischen Kollegen beistehen, aber sie wissen aus der alltäglichen Arbeit, dass internationale Solidarität bei ihren deutschen Mitarbeitern alles andere als selbstverständlich ist.

Die IG-Metaller sind nach Südafrika gefahren, um zu erfahren, wie deutsche Automobilkonzerne die sogenannten 14 Minimumstandards der BRD in den Betrieben umsetzen. Sie sind in der Provinz Eastern Cape unterwegs. Dazu gehören auch der „weiße" Korridor und die Homelands Transkei und Ciskei, jene Region, die zwischen 1985 und 1990 in Aufruhr war, wo Streiks fast „natürliche Erscheinungen" waren, wie die *South African Foundation Review* schreibt. So habe Mercedes-Benz fünf Jahre lang in keiner Woche die Produktionsziele erreicht.[16] Nach dem großen Streik bei Mercedes in East London 1987 hatte die IG Metall in Frankfurt/Main zusammen mit der NUMSA die Mindeststandards entwickelt. Anders als der allgemein gehaltene EG-Verhaltenskodex sollte der 14-Punkte-Katalog gezielt die Aktionsfähigkeit der schwarzen Gewerkschaften schützen: Die unterzeichnenden Unternehmen sollten den Belegschaften Betriebsversammlungen auf dem Werksgelände erlauben, Gewerkschaftsfunktionäre sollten die Betriebe betreten dürfen, nach den Notstandsgesetzen verhaftete Arbeiter sollten weiterbezahlt und weiter beschäftigt werden. Streikende sollten nicht entlassen und der friedliche Einsatz von Streikposten zugelassen werden, Konflikte sollten in Schiedskommissionen und nicht vor den rassistischen südafrikanischen Gerichten ausgetragen werden. Laut IG Metall-Vorsitzendem Franz Steinkühler standen die Standards für „das pure Minimum anständigen Verhaltens in den Arbeitsbeziehungen". Nach und nach verhandelten deutsche Tochterfirmen mit der NUMSA Betriebsvereinbarungen, die die Standards konkretisierten, so Mercedes-Benz, VW, BMW, Siemens, Bosch und Hella.

Die IG Metall war den deutschen Arbeitgebern mit den 14 Punkten ein gutes Stück entgegengekommen. Anders als etwa die Gewerkschaft Handel, Banken und Versicherungen, die Postgewerkschaft, die IG Druck und Papier und die ÖTV waren die Metaller stets vage geblieben, wenn es um die Forderung nach Abzug von Investitionen gegangen war. Nun hatten sie sich an die Seite der Bundesregierung und der deutschen Firmen am Kap gestellt, die seit Mitte der 80er Jahre die deutschen Filialen als apartheidfreien Schutzraum ausgegeben hatten. Die Standards machten die militante NUMSA berechenbarer und die Forderung nach Desinvestment war damit vom Tisch. Dachte man.

„Die IG Metall kann uns nicht erzählen, was wir und die ausgebeuteten Massen in diesem Land wollen", hielt John Gomomo dagegen. „Die Standards können in keiner Weise die Kampagne für Desinvestment und Sanktionen ersetzen. Die sind weiterhin ein wichtiges Druckmittel, eines der wenigen, das auch wirkt." Der Mann, der Tag und Nacht im Eastern Cape als Aktivist unterwegs war und wenig später zum stellvertretenden Vorsitzenden des Gewerkschaftsdachverbandes COSATU gewählt werden sollte, strahlte das Selbstbewusstsein der Arbeiterschaft Ende der 80er Jahre aus. Mit jedem Streik, Protestzug, Boykott und Straßenkampf hatten die ehemals Gedemütigten ihre Häupter erhoben. In den Shop Floors, an der Betriebsbasis, hatten sie strikte Demokratie und Disziplin eingeübt und in stundenlangen Diskussionen die Forderungen der Arbeiterklasse entwickelt. Klar durchschaute Gomomo die disziplinierenden Elemente der 14 Standards: „Etliche Konzerne versuchen, sie total zu verwässern. Sie wollen Streiks zeitlich befristen und uns vorschreiben, wie viele Streikposten wir aufstellen dürfen. Das ist vollkommen inakzeptabel." Er forderte, dass Konzerne, die sich zurückziehen, die Produktionsanlagen im Land lassen und den Arbeitern übergeben sollten. „Forward with Socialism" war 1989 keine leere Formel. Die südafrikanischen Gewerkschafter waren längst in die Führungsrollen des politischen Widerstandes hineingewachsen und hatten große Erwartungen an die Zukunft, die weit über das Konzept einer gemischten Wirtschaft, das der ANC favorisierte, hinaus gingen: „Wir haben nie geglaubt, dass wir die Ziele der Arbeiterklasse am Verhandlungstisch erreichen", sagt Gomomo. „Die Kollegen sagen es uns und wir sagen es dem ANC: Wenn eine sozialistische Gesellschaft bei solchen Verhandlungen nicht erste Priorität hat, dann wird das Land wie 1976 in Flammen stehen." Das Land ging nicht in Flammen auf. Und John Gomomo sitzt heute für den ANC im Parlament.

Maximale Unterstützung: Hartes Geld für die Apartheid

Seit Jahren finanzierte das Regime seinen aufgeblähten Militär- und Repressionsapparat mit Krediten. Südafrika lebte mehr und mehr auf Pump. Im Juli 1985 platzte die Luftblase: Die New Yorker Chase Manhattan Plaza Bank beschloss, die Außenstände südafrikanischer Gesellschaften nicht länger umzuschulden und sämtliche nicht genutzten Kredite einzufrieren. Das bedeutete, Südafrika musste binnen eines Jahres mehrere Millionen Dollar zurückzahlen. Die Renommierbank wollte ihr Image als Apartheidfinanzier loswerden. Sie wollten die lästigen Interventionen von Kirchen, Stiftungen und Aktionären stoppen. Die Banker beugten sich dem Druck der Öffentlichkeit. Die Entscheidung der Chase war ein tödlicher Schlag für das Regime und löste eine Lawine aus; andere Groß- und Kleinbanken folgten dem Beispiel. Innerhalb eines Monats zogen amerikanische Banken 400 Millionen US-Dollar aus Südafrika ab. Die deutschen Kreditgeber blieben. Sie erweiterten sogar ihre Darlehen, und zwar zu sehr hohen Zinsen. Die südafrikanischen Geldinstitute begannen verzweifelt, Dollars zu kaufen, um die Kredite zurückzahlen zu können. Dadurch verlor der Rand weiter an Wert, die Kredite verteuerten sich noch mehr, die Gold- und Devisenreserven wurden bedrohlich knapp.

Am schwarzen Dienstag, dem 27. August 1985, kam der Zusammenbruch. Während die Goldaktien in die Höhe schnellten, fiel der Rand ins Bodenlose. Bankpräsident Gerhard de Kock und Finanzminister Barend du Plessis schlossen für vier Tage die Aktienmärkte. Am 1. September erklärte der Finanzminister ein Schuldenmoratorium. Kurzfristige Kredite würden für zunächst vier Monate nicht zurückgezahlt, und zwar Kredite zwischen Banken und zwischen Banken und öffentlichen Unternehmen, nicht aber die Schulden der südafrikanischen Regierung etwa beim IWF. De Kock erklärte später dazu: „Die Regierung musste die Banken schützen. Wir wussten nicht, welche Zahlungen noch auf sie zukämen. Die deutschen und die Schweizer Banken standen loyal zu uns, aber auch sie wollten nicht hintan stehen, wenn es um Rückzahlung ging."[17] De Kock brach zu einer Weltreise auf, um Soforthilfe aufzutreiben. In Washington, Zürich und London zeigte man ihm die kalte Schulter. Schließlich fand er in dem ehemaligen Präsidenten der Schweizer Nationalbank Fritz Leutwiler einen Unterhändler für Umschuldungsverhandlungen. In dem internationalen technischen Komitee, das dann die Runde leitete, saßen 30 Banken, unter anderen die Union Bank of Switzerland (UBS), die Credit Suisse, Swiss Bank Corporation aus der Schweiz, die Barclays, NatWest und Standard Chartered aus Großbritannien, die Citibank und Morgan Guaranty aus den USA, die Banque Indosuez und Credit Lyonnais aus Frankreich und die Deutsche Bank, die Dresdner Bank und die Commerzbank.

Während Bischof Desmond Tutu vorschlug, alle südafrikanischen Flugzeuge, Schiffe, Firmen und Gebäude per Gerichtsvollzieher zu beschlagnahmen, pokerten die Gläubigerbanken mit den kriminellen Politikern und präsentierten im Februar 1986 eine Lösung: Pretoria sollte im Laufe des nächsten Jahres 500 Millionen US-Dollar zurückzahlen, die übrigen 95 Prozent der eingefrorenen Schulden würden umgeschuldet – nach einer Überprüfung der Lage in einem Jahr. Mitten im Townshipkrieg und wenige Monate nach Verhängung des Ausnahmezustandes hatten deutsche und andere Banken das Regime einmal mehr aufgepäppelt. Ein Jahr später, im März 1987, beteiligten sich deutsche Banken an einer zweiten Umschuldungsrunde, die den Südafrikanern in der Machtzentrale noch mehr Luft verschaffte: Pretoria sollte bis 1990 lediglich zwölf Prozent der unter das Moratorium fallenden Schuld zurückzahlen. Außerdem bot eine Zusatzklausel ein Schlupfloch, wonach eingefrorene Kredite in langfristige Darlehen umgewandelt werden konnten. Bevor diese an die Gläubiger zurückflossen, wurden sie eine Weile auf einem Konto deponiert. Die südafrikanische Regierung konnte auf diese Summen zugreifen und sich mit Liquidität versorgen. Die Europäer hatten den unverbesserlichen Rassisten einmal mehr aus der Patsche geholfen und ihre Hilfe nicht einmal an politische Bedingungen geknüpft.

Der Theologe Neville Gabriel, heute Sprecher der südafrikanischen Entschuldungskampagne, war damals Student. Er wurde oft auf illegalen Versammlungen verhaftet. Aber das hinderte ihn nicht daran, vehement für Sanktionen einzutreten. „Wir kannten die Argumente sehr gut", erzählt er, als ich ihn in seinem Büro in Pretoria besuche. „Die Banken und die Industrie behaupteten, es sei besser für die Schwarzen, weiter zur Schule und zur Universität zu gehen. Aber wir waren zu allen Opfern bereit, um die Freiheit zu erlangen." Wie bei allen Aktivisten, die sich auf jene Tage des Befreiungskampfes besinnen, blitzt ein Idealismus in seinen Augen auf, der ihn alle Schmach und Pein vergessen lässt. „Ich erinnere mich, dass mir ein Dozent während eines Schulboykotts sagte: ‚Du ruinierst Deine Zukunft.' Wenn ich jetzt zurückschaue, bin ich sehr froh, dass ich dabei war, weil die Geschichte gezeigt hat, dass die Anti-Apartheid-Bewegung und die Sanktionskampagne richtig waren." Die Kredite der deutschen Banken an das Apartheidregime waren illegitim, betont Neville Gabriel, „sie wussten, was sie taten. Sie schlugen daraus noch zusätzlich Profite, weil sie besonders hohe Zinssätze kassierten eben wegen des hohen Risikos". In einer Studie hatte selbst die regierungsnahe Stiftung Wissenschaft und Politik schon 1985 belegt, dass die deutschen Banken mit ihrer Geschäftspolitik „die Kosten der Militarisierung der südafrikanischen Politik mitfinanzieren bzw. ökonomisch-politische Einbrüche im Apartheidsystem durch den gewachsenen schwarzen Widerstand refinanzieren."[18] Tatsächlich lag der Anteil der langfristigen Schulden des öffentlichen Sektors an den Auslandsschulden bei 87 %, auch wenn die aktuelle Schuldenkrise durch die kurzfristigen Schulden ausgelöst worden war. Die deutschen Banken hatten sich überdies damit hervorgetan, den südafrikanischen Apartheidstaat und seine Konzerne direkt zu unterstützen. Sie liehen ihr Geld dem Stahlkonzern ISCOR, der Entwicklungsgesellschaft IDC, den staatlichen Transportunternehmen, der Regierung direkt und dem Stromkonzern ESCOM. Die Deutsche, die Dresdner, die Commerz-, die Westdeutsche Landes- und die Bayerische Vereinsbank gaben 30–70 % ihrer Kredite an ESCOM. „Die Elektrizität floss in die Minenindustrie", erklärt Neville Gabriel, „im Gold- und Kohlebergbau wurden Menschenrechte besonders mit Füßen getreten; die Arbeiter hatten keine Rechte; sie waren Wanderarbeiter, lebten weit weg von ihren Familien in schrecklichen Wohnheimen. Strom gab es also für die Entwicklung der Apartheidgeschäfte, nicht für schwarze Townships!"

Deutsche Banken: Zuverlässige Apartheid-Finanziers
Wie alle Unternehmen, so denken auch die westdeutschen Kreditinstitute gar nicht daran, ihre Rolle während der Apartheid in irgendeiner Form aufzuklären. Daher lässt sich die Höhe der gewährten Darlehen im Einzelfall nur schwer nachweisen. Auch die erst kürzlich freigegebenen Unterlagen des Nationalarchivs in Pretoria (bis einschließlich 1980) lassen nicht immer die detaillierten Beträge der Kredite individueller Banken erkennen. Darum beschränken sich die folgenden Angaben auf die Teilnahme der Banken an nominalen Kreditsummen. Außerdem waren alle Banken über Töchter und Beteiligungen etwa in Luxemburg, London oder New York an internationalen Konsortien beteiligt. Aufschluss dagegen geben die Listen der sogenannten Lead Manager von Banksyndikaten, die Kredite an Südafrika organisierten oder Schuldverschreibungen des Staates und seiner Konzerne verwalteten.

Die Deutsche Bank war zwischen 1958 und 1969 an wenigstens 69 Darlehen an die südafrikanische Regierung, an staatliche Unternehmen und an Firmen aus dem Uran- bzw. Goldbergbau beteiligt. Zum Beispiel war die Deutsche Bank Miteigentümerin der European-American Banking Corporation, EABIC, die zwischen 1970 und 1973 die Hauptbank des Regimes war. Mitglieder des geheimen Konsortiums waren die Deutsche Bank (D), die Société Générale (Fr), die Midland Bank (UK), die AMRO Bank (N), die Société Générale de Banque S.A. (B) und Creditanstalt-Bankverein (A). Dieses Konsortium gewährte sieben Anleihen an die zentrale Regierung Südafrikas und an die Staatskonzerne ESCOM und Iscor in Höhe von zusammen US-$ 440 Millionen. EABIC operierte von obskuren Finanzplätzen aus, wie Panama, Bahamas etc. In mindestens 40 der 69 Fälle war die Deutsche Bank Konsortialführer oder Mitglied im organisierenden Komitee. Kredite gingen zwischen 1956 und 1980 an die Regierung, an ISCOR, ESCOM, SAR, IDC. Die in einer Stichprobe erfasste Gesamtsumme beläuft sich auf über 15 Milliarden US-Dollar; die Deutsche Bank hatte daran einen Anteil von 16 Prozent. Der nominelle Wert der Anleihen betrug über sechs Milliarden Mark oder umgerechnet 2,3 Milliarden US-Dollar. Die Deutsche Bank war überdies an anderen Banken und Unternehmen beteiligt, die mit Südafrika Geschäfte gemacht haben: Compagnie Financière de la Deutsche Bank, Luxemburg, AKA-Ausfuhrkreditanstalt GmbH, sowie verschiedene europäische Bankenzusammenschlüsse; Allianz, DaimlerChrysler AG, Babcock Borsig, Linde AG, Deutz AG.

Auf Anfrage ließ die Deutsche Bank die Autoren mit Schreiben vom 8. November 2001 wissen: „Grundlage unserer Geschäftbeziehungen zu Südafrika war und ist zu jeder Zeit die Einhaltung aller für unser Geschäft maßgeblichen Rechtsvorschriften. Ein vollständiger Abbruch aller Geschäftsbeziehungen zu Südafrika war weder durch deutsches Gesetz noch durch Bestimmungen der Europäischen Gemeinschaft geboten. Forderungen in diese Richtung sind nur in Boykottaufrufen nichtstaatlicher Stellen und privater Gruppen erhoben worden. Diesen sind wir nicht gefolgt, da dies nach unserer Überzeugung dem Ziel, den Menschen in Südafrika zu helfen und zu einer friedlichen Veränderung beizutragen, geschadet hätte. Die Fortführung der Wirtschaftsbeziehungen zu Südafrika in den 80er Jahren hat wesentlich dazu beigetragen, die Arbeitsbedingungen für südafrikanische Arbeitnehmer mit aktiver Unterstützung der europäischen Gewerkschaften zu verbessern und die wirtschaftlichen Strukturen weiter zu entwickeln.“

Die Dresdner Bank (inzwischen Allianz AG) war zwischen 1950 und 1980 an 60 Krediten beteiligt, in 54 Fällen als Haupt- oder Nebenmanager. Die Gesamtsumme beläuft sich auf 1,7 Milliarden US-Dollar. Davon gingen über die Hälfte an ESCOM. Andere Kredite gingen direkt an die südafrikanische Regierung, an den strategischen Ölfond, der Rücklagen für Zeiten des Ölembargos anlegte und an die staatliche Entwicklungsgesellschaft IDC. Und das in einer Zeit, als die IDC die Uranmine in Rössing im von Südafrika besetzten Namibia erschloss. Außerdem kaufte sich die Dresdner Bank 1980 zu 51 Prozent bei einer namibischen Bank ein und unterstützte so die widerrechtliche Besetzung Namibias.

Die Commerzbank nahm zwischen 1964 und 1980 an 54 Krediten an den öffentlichen Sektor teil. Der nominelle Wert der erfassten Anleihen betrug 4,7 Milliarden Mark. Über 70 Prozent der Commerzbank-Anleihen gingen an die zwei für das Apartheidsystem strategisch wichtigen Staatskonzerne ESCOM und ISCOR.

Der Pressesprecher der Commerzbank sagte den Autoren am 29. August 2001 telefonisch sinngemäß, die Bank sei in Südafrika nicht operativ tätig gewesen. Man habe lediglich eine Repräsentanz unterhalten und deutsche Firmen finanziert. Die Commerzbank habe sich aus bestimmten Bereichen, die international geächtet waren, herausgehalten, zum Beispiel Waffen.

Die Bayerische Vereinsbank (ab 1998 Bayerische Hypo- und Vereinsbank) war zwischen 1964 und 1980 an wenigstens 39 Darlehen für den öffentlichen Sektor beteiligt in einer nominalen Höhe von über 2,3 Millionen US-Dollar. In 28 Fällen fungierte sie als Manager. Die Westdeutsche Landesbank schließlich war 1967 bis 1980 an 64 Krediten beteiligt, in 26 Fällen als Manager. Die deutschen Finanziers haben die Bundesrepublik an die Spitze der Länder gesetzt, die den südafrikanischen Behörden langfristige Kredite gewährten. Die Deutschen lagen mit 28 Prozent vor den USA (25 Prozent). Bei den Krediten für öffentliche Unternehmen lag die BRD mit knapp 27 Prozent hinter den USA (28 Prozent). Die Gesamtschuld Südafrikas betrug 1993 gegenüber Deutschland 7,4 Milliarden Mark, davon über 70 Prozent vom öffentlichen Sektor.

Das Fazit der ersten unabhängigen, umfassenden und detaillierten Studie zu den Apartheidschulden von 1998 lautet: „Im internationalen Vergleich hat deutsches Kapital in herausragender Weise den Apartheidstaat direkt ebenso wie die strategisch wichtigen Staatskonzerne der Apartheid bedient. Deutsches Kapital ist mit seinem Anspruch auf 27,5 Prozent aller Auslandsschulden des öffentlichen Sektors des Apartheidsystems der weltweit wichtigste direkte Finanzier der Apartheid gewesen.“ [19]

Kap der Kleinen Hoffnung

Billig entlassen: Hoechst auf Anti-Gewerkschaftskurs

Laurence Ntlokoa, der zuletzt als UDF-Aktivist während des Ausnahmezustandes im Juli 1986 verhaftet worden war, kam nach elf Monaten wieder frei. Wie schon bei seinem Sohn hatte er nun auch bei seiner Tochter das Kleinkindalter verpasst. Sekang konnte schon laufen. In der Haft hatte Laurence unter Depressionen gelitten. Alle drei Monate hatte ein Richter den Haftgrund überprüft und diese Anspannung, das Hoffen, Warten und die Enttäuschung hatten ihn fertig gemacht. „Unsere Nerven lagen blank", erinnert er sich und tatsächlich kam er ins Krankenhaus, wo ihn wenigstens seine Frau besuchen konnte.

Als er 1987 entlassen wurde, verhängte das Regime Kontaktsperren zwischen den Aktivisten von Kagiso und Soweto. Laurence konzentrierte sich auf seine Arbeit bei Hoechst. Endlich wollte er wie ein normaler Vater für seine Familie sorgen. Aber natürlich engagierte er sich in der Gewerkschaft. Er wurde Vorsitzender des Vertrauensleutekomitees im Werk Chamdor, in einem der vier Werke des inzwischen größten ausländischen Chemieunternehmens am Kap. Nach der Gründung der Chemical Workers Industrial Union, CWIU, blieb das Verhältnis zur Geschäftsleitung zunächst entspannt, erzählt Laurence. Merkwürdigerweise habe sich die Situation im Betrieb in dem Moment „dramatisch verändert", als im Zuge des politischen Wandels der berühmteste politische Gefangene der Welt, Nelson Mandela, 1990 aus dem Gefängnis entlassen und die Befreiungsbewegungen 1990 wieder zugelassen wurden.

Zunächst entließ Hoechst 130 Beschäftigte mit einem Sozialplan, weil ein Produktionszweig stillgelegt wurde und die Unternehmenszentrale umzog. Danach flatterten immer mehr Arbeitern Abmahnungen ins Haus, vor allem Gewerkschaftern. Im Jahr 1990 hagelte es mehr als 60 Abmahnungen und neun Mitarbeiter wurden nach Disziplinarverfahren entlassen. 1991 wurde es dann noch schlimmer. Laurence Ntlokoa stand unter Dauerstress. Nächtelang saß er zu Hause und formulierte für seine Kolleginnen und Kollegen Stellungnahmen und Widersprüche gegen deren Disziplinarverfahren. Im Februar 1991 erhielt er dann selbst seine erste schriftliche Abmahnung. Hoechst lastete ihm an, ein Fugblatt gegen die Entlassung zweier Kollegen verteilt zu haben. Wiederholt stellte ihn das Management zur Rede. „Dabei wurde mir immer wieder meine umfangreichen Tätigkeit als Vertrauensmann vorgehalten“, erzählt er empört, „sie verwarnten mich zwei Mal, weil ich meinen Job angeblich vernachlässigte. Aber bei der Anhörung vor dem Disziplinarausschuss mussten beide Abmahnungen wegen Mangels an Beweisen zurückgenommen werden.“ Das war im August 1991.

Hoechst hatte das innerbetriebliche Einigungsverfahren nach einer Vereinbarung mit Ntlokoas Gewerkschaft CWIU 1986 eingeführt. Immer leitete ein Manager die Disziplinaranhörung. „Ich glaube, damals haben sie entschieden, subtilere Methoden anzuwenden, um mich zu zermürben“, vermutet Laurence. Ab August 1991 sollte er seinem Vorgesetzten täglich einen Tätigkeitsbericht vorlegen. „Ich habe das auch versucht, aber ich habe es nicht immer geschafft.“ Ein halbes Jahr später, im Januar 1992, bekam er eine sogenannte „verschärfte“ Abmahnung, die Vorstufe zur fristlosen Kündigung. Der Vorwurf lautete, er habe den Tätigkeitsbericht an 45 Tagen nicht oder verspätet vorgelegt und sich damit der Auflehnung schuldig gemacht. Trotz eines Widerspruchs saß er wenig später vor den Toren von Hoechst. Die Kündigung war selbst nach den Regeln des Disziplinarverfahrens bei Hoechst Südafrika unzulässig. Danach hätten einer „verschärften“ Abmahnung drei schriftliche Abmahnungen vorausgehen müssen.

Wieder musste Laurence Ntlokoa auf Kosten seiner Familie leben. Er war der dritte Vertrauensmann, den der Chemiekonzern seit Anfang 1990 gefeuert hatte. Ntlokoa suchte nach Gründen für dieses Verhalten des deutschen Arbeitgebers. Er glaubte, dass der neue Generalmanager Reinhard Traub die treibende Kraft war. Die Zentrale hatte ihn mit dem Auftrag nach Südafrika geschickt, bei der Tochter zu rationalisieren. Und nun habe er eine billige Methode gefunden, so Laurence, Arbeitnehmer loszuwerden. Disziplinarverfahren und Entlassung waren auf jeden Fall kostengünstiger als ein Sozialplan. Außerdem geriet Laurence Ntlokoa just zu der Zeit ins Schussfeld der Geschäftsleitung, als immer mehr weiße Kollegen in seine politisch linksorientierte Gewerkschaft eintraten und der älteren, aber arbeitgeberfreundlichen Gewerkschaft bei Hoechst, der Hoechst South Africa Employees Association, HOSAEA, den Rücken kehrten. Ein ehemaliger HOSAEA-Vertreter, der anonym bleiben will, erklärt, warum auch weiße Arbeiter von dieser Gewerkschaft genug hatten: „Die Manager benutzten uns lediglich als ihr Sprachrohr: Wir sollten unseren Kollegen ihre Entscheidungen schmackhaft machen.“ Die Sitzungen mit der Geschäftsleitung seien „wie Kaffeekränzchen“ gewesen. „Solange wir der selben Meinung waren wie sie, gab's Kaffee und Kuchen. Aber sobald jemand widersprach, wurde er zum Außenseiter und seine Position, sein Job, alles stand auf dem Spiel.“

Die Gewerkschaft CWIU bereitete der Unternehmensleitung zweifellos mehr Unannehmlichkeiten als die zahme HOSAEA. Das zeigte sich zum Beispiel bei Tarifverhandlungen. Als die Geschäftsleitung den höher verdienenden Weißen in der HOSAEA im August 1991 13 Prozent mehr Lohn und der CWIU eine Einmalzahlung anbot, kam das einer Provokation gleich. Die schwarzen Gewerkschafter sahen darin den gezielten Versuch, die CWIU zu diskreditieren und zu zerschlagen. Der Chef der südafrikanischen Hoechst-Tochter, Reinhard Traub, fand dieses Verhandlungsgebaren gar nicht ungewöhnlich. Wichtig sei das Ergebnis, meinte er. „Dazu gehörten die üblichen Positionsgefechte.“ Dass zwei Vertrauensleute innerhalb kürzester Zeit entlassen worden seien, sei eine „unglückliche Verkettung, aber aus diesen Dingen eine Politik oder Absicht der Firma zu konstruieren, wäre geradezu grotesk“.

Die deutschen Kollegen des Forums für durchschaubare Betriebsratsarbeit in Frankfurt kamen dagegen seinerzeit zu dem Schluss: „Gegen seine Beschäftigten verhält sich Hoechst weltweit weiterhin in erzreaktionärer Weise nach Führer- und Gefolgschaftsprinzip. Wer sich diesem Prinzip nicht unterordnet, der kann fliegen: In Australien ein Kollege, der sich gegen die gesundheitliche Gefährdung der Mitarbeiter durch krebserzeugende Chemikalien wehrt. In Brasilien und Uruguay Kollegen, die sich für die gewerkschaftliche Organisation der Beschäftigten engagieren. In Südafrika ein Kollege, der sich für seine Kollegen einsetzt.“

Laurence wurde nicht wieder eingestellt. Wieder einmal wollte er sich in seinem Township engagieren; zuerst plante er ein großes Bürgerzentrum und dann einen kleinen Jugendclub. Aber diese idealistischen Vorhaben gingen in den turbulenten Jahren des Übergangs in Gewalt unter. Seit der neue Staatspräsident Frederik Willem de Klerk im Februar 1990 den Wandel zur Demokratie einleitete, seit er mit dem ANC die Bedingungen der Machtübergabe aushandelte, überzogen reaktionäre Kräfte aus dem Sicherheits- und Militärapparat das Land mit einer Welle willkürlicher Gewalt. Die obersten Generäle hatten sich von den Entwicklungen überrumpelt gefühlt und entwickelten eigene Strategien. Ein letztes Mal versuchten die ewig Gestrigen mit ihrem „Teile und Herrsche“ das Rad der Geschichte aufzuhalten. Agenten verschiedener geheimer polizeilicher und militärischer Sondereinheiten trugen die Gewalt gezielt in die Townships rund um Johannesburg. Sie schürten den politischen Zwist zwischen den Wanderarbeitern in den Männerwohnheimen, zwischen den ANC-Anhängern und den Anhängern der rivalisierenden Inkatha Freedom Party, IFP; von den Sicherheitskräften bezahlte Mittelsmänner säten Zwietracht und stachelten ethnische Auseinandersetzungen an; sie versorgten die ihnen genehmen politischen Gruppen mit Waffen, sie überfielen Züge, verübten Massaker und versetzten die Menschen in Angst und Schrecken. Die Gewalt eskalierte in ungeahntem Ausmaß; täglich gab es Tote. Erst im demokratischen Südafrika nach 1994 fand die von der neuen Regierung eingesetzte Wahrheitskommission heraus, dass diese finsteren Todesschwadronen, die die Menschen seinerzeit hilflos „dritte Kraft“ genannt hatten, tatsächlich existiert hatte und für Tausende Tote verantwortlich war.

Laurence Ntlokoas Jugendclub in Kagiso wurde im Januar 1992 am helllichten Tag überfallen. Unbekannte sprangen aus einem Auto und schossen ohne Vorwarnung direkt auf die Clubbesucher und -besucherinnen. Eine Woche später überfielen andere oder auch dieselben Täter sein Haus. Sein Vetter und ein Freund wurden getötet. Seitdem war der Aktivist Laurence wie paralysiert. Er verließ Kagiso und war nach 16 Jahren Widerstand am politischen und persönlichen Nullpunkt angelangt. Damit stand er nicht allein. Viele der ehemals straff organisierten Kader der UDF kamen mit der neuen Zeit nicht zurecht. Sie gerieten in die Mühlen des Machtkampfes zwischen den aus dem Exil zurückkehrenden ANC-Politikern und den Township-Kämpfern der UDF. Diese Auseinandersetzungen fanden auf allen Ebenen der sich neu gründenden Partei ANC statt, in hitzigen Diskussionen und mehr noch hinter den Kulissen. Die ANC-Politiker der Generation Nelson Mandelas waren vielen Aktivisten an der Basis zu kompromissbereit. Viele Comrades der 70er und 80er Jahre, die wie Laurence lange Jahre strenge Basisdemokratie praktiziert hatten, fühlten sich von den autokratischen Altpolitikern übergangen. Laurence kam 1992 ins Grübeln: „Es ging anscheinend nicht mehr darum, ungerechte Gesetze oder eine illegale Regierung abzuschaffen, sondern plötzlich ging es um Posten für Aktivisten, die in Anzug und Krawatte mit dem Koffer in der Hand von einer Konferenz zur nächsten jetteten. Und dann tauchten auch plötzlich viele neue Gesichter auf, die wir vorher nie gesehen hatten. Das Taktieren war nie mein Stil gewesen. Ich habe die Ämterhäufung öffentlich kritisiert."

Als ich mich im Juli 1992 von Laurence verabschiedete, ahnte ich nicht, dass ich ihn bei meinen Besuchen in den folgenden Jahren nicht wieder finden sollte. Viele Südafrikaner wechselten in jener turbulenten Zeit des Umbruchs häufig Jobs und Wohnort. Ich hoffe, dass er seinen Prinzipien treu bleiben konnte. Wohlüberlegt hatte er sich entschlossen, nicht in die Politik zu gehen, sondern weiter an der Basis als Entwicklungshelfer im eigenen Land zu arbeiten. Er hat mit erstaunlicher Weitsicht die Konflikte im zukünftigen „befreiten" Südafrika vorausgesehen.

„Ich habe meine Art, mir die Lage genau anzusehen, und das hat vielleicht auch dazu beigetragen, dass die politische Bewegung mich desillusioniert hat. Es gibt viele Menschen, die sehr große Erwartungen an die Zukunft haben. Die Leute glauben, wenn die Apartheid verschwindet und es eine schwarze Regierung gibt, wird sich alles über Nacht ändern. Und das wird ganz sicher nicht passieren. Das ist die Realität. Aber die Politiker sagen den Leuten nicht die Wahrheit. Dabei kommen große Probleme auf uns zu. Wir werden eine Fifty-Fifty-Gesellschaft haben wie in Lateinamerika. Dort hat die Politik sichergestellt, dass es wenigstens der Hälfte der Bevölkerung gut geht und die andere Hälfte lebt in Slums. Für den Machterhalt ist diese Politik sehr effektiv. Die Regierenden müssen keine Revolution fürchten. Vor allem, wenn die eine Hälfte Eigentum besitzt und glaubt, dass die Regierung ihren Besitz schützen muss. Es wird immer mehr Slums geben, wie sie jetzt schon in Kagiso in kurzer Zeit entstanden sind. Daraus entsteht Kriminalität. Aber solange die Mittelklasse zufrieden ist, hat die Politik keine Probleme. Ich sehe das alles kommen, und es ist die Frage, auf welcher Seite wirst du stehen?"

The sunny side of doing business

„Deutsche Unternehmen in Südafrika sind wieder zuversichtlich – Lob für das Verhalten deutscher Unternehmen am Kap" titelte die *Frankfurter Allgemeine Zeitung* im März 1992.[1] Ende des Jahres hatten die deutschen Direktinvestitionen 2,5 Milliarden Mark erreicht und einen Anteil von 17 Prozent an den gesamten ausländischen Investitionen am Kap. Zwar befand sich das Land noch im Übergang, die bürgerkriegsähnlichen Zustände schienen die Investoren aber nicht zu schrecken. Sie ahnten, dass der tiefgreifende Wandel nicht aufzuhalten war. Damit würden sich neue Perspektiven und Märkte eröffnen. Im November des Jahres reiste erstmals seit zwanzig Jahren wieder eine große Unternehmerdelegation nach Südafrika. Sie konnte frei und ungezwungen nach neuen Geschäften Ausschau halten und sicher sein, dass sie höchst willkommen war.

Im Jahr der ersten demokratischen Wahl, 1994, meldete sich neben anderen der Präsident des Bundesverbandes der Deutschen Industrie, Tyll Necker, in einer Spezialausgabe der *Afrika-Post* zu Wort. Einmal mehr bemühte er die Legende, die deutsche Industrie habe sich „über viele Jahre hinweg aktiv für friedliche Veränderung durch Kooperation eingesetzt. Entgegen internationaler politischer Empfehlungen wurden Investitionsengagements in Südafrika aufrechterhalten. Auf diese Weise wurden unter schwierigen […] Bedingungen Arbeitsplätze und Einkommen für die schwarze Bevölkerung erhalten und erhebliche Anstrengungen zur beruflichen Bildung unternommen – Leistungen, die inzwischen von allen politischen Kräften in Südafrika anerkannt werden." Damit ist die Vergangenheit abgehakt. Der Industrieboss verteilte ein mildes Lob für „das klare Bekenntnis zur Marktwirtschaft" durch die Regierung und die „klare Abwendung von Verstaatlichung des Bankensektors und der Schlüsselindustrien insbesondere im Rohstoffbereich", und stellte dann Forderungen: „Südafrikas Wirtschaft muss sich so schnell wie möglich in die Weltwirtschaft integrieren. Diese Aufgabe kann aber nur mit einer konsequenten Liberalisierung der Außenwirtschaft erfolgreich gemeistert werden. Die südafrikanische Wirtschaft muss sich dem internationalen Wettbewerb stellen." Falls nicht, drohte Necker, würden die Marktgesetze Südafrika aus dem Rennen schmeißen: „Im Wettbewerb um knappes Auslandskapital ist für Südafrika eine neue Situation entstanden. Die Staaten Mittel- und Osteuropas sind inzwischen aggressive Wettbewerber um privates Investitionskapital. Der asiatische Raum bietet attraktive, schnellwachsende Märkte. Auf Lateinamerika richtet sich nach Überwindung der Verschuldungskrise wieder verstärkt das Interesse [...], wobei die nordamerikanische Freihandelszone zusätzlich positive Impulse gibt." Die Gewerkschaften müssten „ihre Politik mit Augenmaß an den wirtschaftlichen Realitäten ausrichten."[2] Die Botschaft ist klar und deutlich: Friss' oder stirb' – wer die Gesetze der Globalisierung nicht ganz und gar anwendet, wird aus dem Kreis der Mitspieler ausgestoßen und geht zugrunde. (Für die Jahre 2003 bis 2005 prognostizieren Fachleute China als das herausragende Land für deutsche Investitionen, gefolgt von den USA, Indien und einigen wenigen osteuropäischen Ländern.)[3]

Die Wirtschaftspolitiker der südafrikanischen Regierung haben die Drohungen verstanden. Sie haben seither für potentielle Investoren den roten Teppich ausgerollt. Wo immer südafrikanische Politiker in der Welt unterwegs sind, flehen sie um Investitionen. Es ist ihnen nichts anderes übrig geblieben; das sozialistische Programm der Arbeiterklasse hatte keine Chance. In den ersten Jahren nach ihrer Machtübernahme versuchte die ANC-geführte Regierung noch ein ehrgeiziges, in der ganzen Bevölkerung debattiertes „Programm Wiederaufbau und Entwicklung", RDP, mit den Zwängen kapitalistischer Marktwirtschaft und der Konkurrenz auf dem Weltmarkt zu vereinbaren. Wirtschaftswachstum sollte durch Umverteilung und durch öffentliche Investitionen erreicht werden. Endlich sollten die Grundbedürfnisse der bislang benachteiligten Bevölkerung befriedigt werden. Die Regierung legte ein massives Wohnungsbauprogramm auf, Hunderttausende Schwarze sollten mit sauberem Wasser, Strom und erschwinglichen Gesundheitsdiensten versorgt werden; alle sollten eine vernünftige Berufsausbildung und Schulbildung erhalten. Auch eine umfassende Landreform war Teil des Umbauprogramms. Aber nach Interventionen von Weltbank, Internationalem Währungsfond und wichtigen Gläubigerstaaten ließ die Regierung das RDP 1996 fallen und ersetzte es durch das neoliberale „Programm für Wachstum, Beschäftigung und Umverteilung", GEAR. Seit 1994 gingen durch Privatisierungen von staatlichen Leistungen schätzungsweise 200.000 Arbeitsplätze im formellen Sektor verloren. Die Arbeitslosenrate liegt bei über 40 Prozent. Die Einkommensschere zwischen der schwarzen und der weißen Bevölkerung klafft weit auseinander. Die Ungleichheiten zählen zu den schärfsten weltweit. Die wirtschaftliche Lage der Schwarzen hat sich seit der Abschaffung der Apartheid nicht verbessert.

Derweil nutzten die Europäer das Land am Kap als „Sprungbrett in die Region und andere afrikanische Länder", wie es Bundeswirtschaftsminister Günter Rexrodt schon 1994 empfohlen hatte. In überaus harten Verhandlungen über ein Freihandelsabkommen machte die Europäische Union den Südafrikanern klar, dass sie keineswegs mit der „Solidarität" rechnen konnten, die Nelson Mandela Anfang der 90er Jahre beschworen hatte. In völliger Verkennung der europäischen Interessen hatte er einen „Marshallplan" für sein Land gefordert. Das 1999 unterzeichnete Freihandels-Abkommen mit der EU zeigte unmissverständlich, wer die Bedingungen im globalen Handel diktiert: Südafrika musste ab sofort die Schutzmauern für seine Wirtschaft einreißen. 86 Prozent der EU-Exporte werden nach 12 Jahren zollfrei nach Südafrika gelangen können. Umgekehrt hob Europa die Zollschranken für südafrikanische industrielle Produkte wie Textilien, Kleidung und Autoteile ein wenig an. Landwirtschaftliche Produkte dagegen dürfen nur tropfenweise auf den unverändert abgeschotteten europäischen Markt. 62 Prozent der südafrikanischen Agrarprodukte sollen nach Europa eingeführt werden dürfen, über ein Drittel aber erst in zehn Jahren; Südafrikas Fruchtkonserven, Fruchtsäfte und Schnittblumen dürfen nur in kleinen Quoten in europäische Supermärkte. Die gesonderten Abkommen für Fisch, Wein und andere Spirituosen stocken seit Jahren wegen der eifersüchtigen

Eigeninteressen der südeuropäischen Länder. Südafrika soll Markenzeichen wie Port, Sherry, Grand Cru oder Vintage nicht benutzen dürfen. Derweil überschwemmten europäisches – hochsubventioniertes – Rindfleisch und Butter die Märkte im südlichen Afrika.

Deutschland entwickelte sich zum Handelspartner Nummer eins für Südafrika. Im Jahr 2000 stiegen die deutschen Ausfuhren auf den historischen Höchststand von 7,3 Milliarden Mark. An der Struktur des Handels hat sich allerdings wenig verändert. Noch immer liefern die Deutschen hauptsächlich Kraftwagen und Kraftwagenteile (21,7 Prozent), Maschinen (9,8 Prozent) und chemische Erzeugnisse (7,7 Prozent). Südafrika exportiert nach Deutschland Edelmetalle wie zum Beispiel Platin, Palladium und Rhodium. Immer noch ist das Land am Kap – wie viele Entwicklungsländer – hauptsächlich Rohstoffexporteur. Mineralien, Diamanten und Gold machen mehr als 40 Prozent der Exporterlöse aus. Der Anteil geht nur sehr langsam zugunsten verarbeiteter Rohstoffe und industrieller Fertigwaren zurück.

Mthutuzeli Tom, der Betriebsrat von DaimlerChysler South Africa, DCSA, der Mann, der in den 80er Jahren von Polizeireservisten gejagt wurde, fragt sich: „Warum sagt unsere Regierung nicht, wenn sie über die vielen Zollsenkungen spricht, dass wir wirtschaftlich ein Entwicklungsland sind?! Unsere Wirtschaft muss bis zu einem gewissen Grad geschützt werden, bis sie in der Welt bestehen kann. Aber das ist noch nicht der Fall." Der Vorsitzende der Metallarbeitergewerkschaft NUMSA bezweifelt, dass man allein den Marktkräften erlauben darf, die Richtung der Wirtschaft zu bestimmen. Und dann kommt wieder der alte Kampfgeist zum Vorschein: „Wir sind dagegen!" sagt Tom mit fester Stimme, „weil es dort draußen gegeneinander geht, es ist ein Krieg im Dschungel, das Überleben des Stärksten! Wir sind nicht die Stärksten! Wir gehören zu den Schwachen!"

Nach dem Ende der Apartheid hatten sich die Gewerkschaften mit ihren Lohnforderungen zurückgehalten. Sie lagen unterhalb der Inflationsrate. Doch nach diesem „Mandela-Bonus" setzten die Arbeitnehmerinnen und Arbeitnehmer ab Mitte 2001 in zahlreichen Wirtschaftszweigen Lohnerhöhungen durch, die jenseits der Inflationsrate von sechs Prozent lagen.

Trotzdem haben sie nicht viel gebracht, meint Tom. Seine NUMSA fordere bei Tarifverhandlungen die Inflationsrate plus ein Prozent. Aber die seien stets schnell von der Inflation aufgefressen worden. Gerade die Preise für Grundnahrungsmittel seien gestiegen. Brot und Maismehl, Milch und Zucker würden nicht länger subventioniert. Im August 2002 zum Beispiel erreichte die Teuerungsrate einen Wert von knapp 11 Prozent. Besonders stark stiegen die Preise für Lebensmittel, um rund 18 Prozent. Nach Abzug von Kranken- und Rentenversicherung sowie Steuern bleiben Mthutuzeli Tom 200 Rand pro Woche, 50 Mark für eine fünfköpfige Familie plus Verwandtschaft. „Das kann man weder beißen noch kauen", lacht der Gewerkschafter. Trotzdem habe er gespart und mit Unterstützung seines Arbeitgebers ein Haus gekauft. Fünf Jahre lang bezuschusst Daimler eine Hypothek.

DaimlerChrysler ist damit offenbar ganz gut gefahren, wie der Chef am Kap, Christoph Köpke, bestätigt. Bis 2002 habe der Konzern 1,5 Milliarden Rand investiert; jährlich führen 50.000 Fahrzeuge der C-Klasse vom Band, „in absoluter Konkurrenz mit Stuttgart und Bremen". Die südafrikanische Tochter exportiere in etwa zehn Märkte der Welt. „Dass wir das geschafft haben, ist für mich heute noch ein Wunderwerk", sagt Christoph Köpke.

Sein Gegenüber, der Gewerkschafter Mthutuzeli Tom, sieht das nüchterner. „Die Kapitalisten nutzen die Niedriglohnländer dazu, um uns zu drohen", analysiert er, „sie sagen uns: Wenn ihr hohe Löhne fordert, werden wir das Land verlassen. Aber das ist dumm, weil die Geschichte gezeigt hat, dass wir hier in Südafrika alles nur durch Kampf gewonnen haben. Die Arbeiter in anderen Ländern werden auch kämpfen!" Tom ist Internationalist: „Warum um Himmels willen soll ich mit Arbeitern in Deutschland konkurrieren?! Weil der Arbeitgeber sagt, dass sie die Produktion nach Bremen verlagern? Soll ich darum Kompromisse eingehen? Nein, das sollte ich nicht tun. Das ist gegen meine Grundsätze. Die Arbeiter in Bremen sind nicht anders als die in Südafrika. Wir sind beim gleichen Unternehmen angestellt, darum müssen wir viel enger zusammenarbeiten. Auch wenn sie umgekehrt die Produktion aus Bremen in ein Niedriglohnland verlagern, sollten wir gemeinsam dagegen kämpfen. Ich kann mich doch nicht über

Interview mit DaimlerChrysler-Chef, Südafrika, Christoph Köpke 2002

Christoph Köpke begann seine Karriere 1983 bei Mercedes Benz und stieg 1989 an die Spitze auf. Der Topmanager ist offen und dialogfähig, selbstbewusst und ohne jede Scheu vor den Medien. Von Anfang an suchte er das Gespräch mit den Gewerkschaften. So gelang es ihm, die südafrikanische Tochter in der neuen, demokratischen Ära einigermaßen zu befrieden, unter anderem mit zahlreichen sozialen Programmen in Ausbildung, Sport und Aidsbekämpfung. Im April 2002 ist Christoph Köpke am neuen Sitz der südafrikanischen Tochter anzutreffen; in einem lichtdurchfluteten Neubau mit viel Glas außerhalb Pretorias. Unverändert steht er diskussionsbereit Rede und Antwort.

Frage: Warum hat DaimlerChrysler der südafrikanischen Wahrheits- und Versöhnungskommission keine Eingabe vorgelegt?
Köpke: Die gesamte Branche der Autoindustrie war vor der TRC. Bisher sind auch weder der Staatspräsident noch Erzbischof Tutu an die Geschäftswelt herangetreten und haben gesagt: Menschenskinder – let's cut a deal! Es gab keine Forderung aus dem politischen Raum. Der Unternehmensverband SACOB, dessen Präsident ich bin, hat eine Eingabe gemacht. SACOB repräsentiert 44.000 mittelständische Unternehmen. Es gab eine Menge Vorlagen aus der Wirtschaft, aber sie waren alle sehr allgemein gehalten. Alle haben die Apartheid verurteilt, aber keine Firma ist ins Detail gegangen. Später haben wir dann den Business Trust gegründet. Der hat 119 Geldgeber, DaimlerChrysler gehört auch dazu. Wir zahlen einen Prozentsatz von unserem Nettogewinn über die nächsten fünf Jahre in diesen Fond ein. Mit den Mitteln werden Projekte im Schul- und Gesundheitswesen gefördert. Der Fond soll zeigen, dass sich die Geschäftswelt am Wiederaufbau Südafrikas beteiligen will. Solange keine Abgabe von einem oder zwei oder zehn Prozent gesetzlich vorgeschrieben wird, werden die immer gleichen 100 Firmen und nicht mehr Unternehmen bei solchen Initiativen mitmachen.
Frage: Warum ist die Geschäftswelt so zurückhaltend?
Köpke: Das ist schwer zu beantworten. Wer hat denn einen Vorteil aus dem Apartheidsystem gehabt und wer nicht? Zu sagen, wir haben Unimogs geliefert... Wir haben Unimogs überall auf der Welt geliefert. Es ist ja nicht so, als wenn wir daraus einen Sondervorteil hatten, dass wir Unimogs an die südafrikanische Wehrmacht geliefert haben. Und das Motorenprojekt ADE, das war das Ergebnis einer öffentlichen Ausschreibung. Es ist ja nicht so, als wenn Daimler im Alleingang gegangen ist.
Frage: ADE zum Beispiel war eine Art staatliches Monopol ...
Köpke: Es ist lachhaft, was die verdient haben! Da hat man sich kei-

ne goldene Nase verdient! ADE ist inzwischen aufgelöst, weil es nicht mehr rentabel war. Die ganzen Monopole sind ja aus dem Apartheidsystem geschaffen worden. Wir konnten ja von der Eiscreme bis zu den Atombomben alles selbst bewerkstelligen. Das funktionierte nur wegen der Zollschranken und der riesigen Ressourcen, die nicht für die Zivilbevölkerung aufgebracht wurden, sondern um die Sanktionen zu umgehen.

Frage: Vertrauensleute erzählen, dass sie damals im Betrieb von Mercedes vom Sicherheitsdienst überwacht und drangsaliert wurden …

Köpke: Ich habe das nie erlebt. Ich war ja bis 1983 auch da. Und dann wieder ab 1989. Ich muss ganz ehrlich sagen, ich habe keine Zweifel, dass bestimmt Spione von der Sicherheitspolizei bei uns in der Fabrik waren. Aber die Firma oder das Management wussten nichts davon. Dass wir mit der Geheimpolizei außerhalb oder innerhalb des Unternehmens zusammen gearbeitet haben, also ich würde meinen Kopf auf den Block tun, ich hab noch nie davon gehört. Die Sicherheitspolizei hat ja einen hervorragenden Job gemacht. Das war Law and Order, aber in Bezug auf die politischen Dissidenten haben sie einen hervorragenden Job gemacht. Ich meine, Sie können dafür nicht die Firma Daimler verantwortlich machen.

Frage: Die Wirtschaft sagt immer, dass sie für die politischen Verhältnisse keine Verantwortung übernimmt …

Köpke: Die Frage ist ja: Wer ist verantwortlich? Der Metzger, der Bäcker? Sagt man, jedes Geschäft ist verantwortlich gewesen?! Also, jeder Weiße war verantwortlich. Man kann eine allgemeine, generelle Verantwortung haben. Ich bin nicht in Deutschland aufgewachsen, aber ich frage: War jeder Deutsche verantwortlich für das Dritte Reich? Könnte ich nicht behaupten. Es gab eine Menge Leute, die sich unheimlich engagiert und gegen das Dritte Reich gewehrt haben mit ihrem Leben.

Frage: Es geht nicht um die Verantwortung von Individuen, sondern darum, dass die Wirtschaft das Regime gestützt und von den billigen Arbeitskräften profitiert hat …

Köpke: An den Löhnen hat sich nichts geändert; die sind nicht in die Höhe geschnellt von 1994 [dem Jahr der Wahl] auf 1995; die Löhne sind viel zu hoch!

Frage: 500 prominente südafrikanische Weiße haben öffentlich ein Schuldbekenntnis abgelegt …

Köpke: Natürlich haben Weiße im Schnitt einen Vorteil aus der Rassentrennung gehabt, da gibt es überhaupt keine Debatte. Eine „weiße" Steuer als Wiedergutmachung würde vielleicht ein Zeichen setzen; okay, damit könnte ich leben, als Christoph Köpke, nicht als Daimler.

Frage: Warum nicht „als Daimler"? Warum ist es so schwer, sich als

Unternehmen zu der Verantwortung zu bekennen? Vielleicht würde das sogar dem Daimler-Image nützen...
Köpke: Ich bin anderer Meinung. Ich habe ein großes Problem, einfach eine globale Geschäftsschuld zu suchen. Wenn wir aktiv Bomben gebaut hätten, Munition gebaut hätten, okay, dann könnte man schon sagen: You knew exactly where these bullets are going. Sie können natürlich argumentieren, bei den Unimogs wussten wir auch, wo die hingehen; natürlich wusste man, wo sie hingehen... Nur, zu sagen: Weil Daimler die Ausschreibung für die Unimogs oder die Motoren gewonnen hat und nicht MAN oder Iveco oder Mitsubishi... die Frage ist natürlich: Wo fängt's an und wo hört's auf? Soll Daimler sich hinstellen und sagen: Das ist ja fürchterlich, was wir alles gemacht haben, die Apartheid ist eine Schande und wir haben sie ausgenutzt?

die leeren Bäuche von Arbeitern in Bremen freuen! Das ist unmoralisch."

Moral in Zeiten der Globalisierung? Deutsche Unternehmen haben die unangenehme Phase, als sie wegen ihres Südafrika-Engagements in der Kritik standen, schnell verdrängt. „The sunny side of doing business" überschrieben der Afrika-Verein, die Industrie- und Handelskammer für das südliche Afrika sowie die 1996 gegründete Initiative der deutschen Wirtschaft für das Südliche Afrika, SAFRI, die Einladung zu einer Reise für Unternehmer ans Kap im Jahr 2001. Darin hieß es: „Dass deutsche Unternehmen in der Republik Südafrika (schon seit über 100 Jahren) gute Geschäfte machen können, wissen viele – dass das Land am Kap darüber hinaus aber auch ein Lebens- und Arbeitsumfeld zu bieten hat, das höchsten Ansprüchen genügt, ist weniger bekannt. […] Angesprochen sind primär Unternehmen im Zulieferbereich der bereits am Kap aktiven Firmen (Kraftfahrzeuge, Chemie, Metallverarbeitung, Maschinenbau), aber auch Vertreter aus dem großen und immer wichtiger werdenden Sektor Tourismus bzw. Tourismuszulieferer."

Kein einziges deutsches Unternehmen hat vor der Truth and Reconciliation Commission, TRC, der Wahrheits- und Versöhnungskommission, ausgesagt. Das staatlich eingesetzte Gremium unabhängiger Persönlichkeiten hatte drei Jahre lang versucht, die Vergangenheit der Apartheidära aufzuarbeiten, indem Opfer und Täter öffentlich Zeugnis ablegten. Die Kommission hatte auch die Medien, die Justiz und die Wirtschaft eingeladen, zur Versöhnung beizutragen. Sie sollten ihre Rolle im Unrechtssystem beschreiben und sich zu ihren Verstrickungen bekennen.

„Wir haben die in- und ausländischen Unternehmen aufgefordert, vor der TRC auszusagen", sagt Mthutuzeli Tom, aber die hätten darauf verwiesen, dass sie stets innerhalb der Gesetze gehandelt hätten. Toms Urteil steht fest: „Für sie war es legal, Schwarze nicht auszubilden; also haben sie keine Gesetze gebrochen? Das waren nichts anderes als Menschenrechtsverletzungen."

ENTSCHULDUNG UND ENTSCHÄDIGUNG

Die Wahrheit ans Licht: Die Wirtschaft bleibt im Dunkeln

Im Sanlam-Centre, einem der Tower in der Johannesburger City, die in Höhe und Imposanz amerikanischen Wolkenkratzern vergeblich nachzueifern versuchen, hat die Wahrheits- und Versöhnungskommission einen ihrer drei ständigen Sitze eingerichtet. Im zehnten Stock sind ein paar Räume für die Verwaltung, für die Presse und für die Sitzungspausen reserviert. Überall liegen Kabel für Telefonanlagen, Computer und die Übersetzerkabinen herum; der Einrichtung haftet etwas Provisorisches an, ganz im Gegensatz zu der geschäftigen und angespannten Atmosphäre.

Im Herbst 1995 hat die per Gesetz beschlossene, unabhängige Kommission ihre Arbeit aufgenommen. Die 17 Mitglieder hörten zuerst die Geschichten der Apartheidopfer. Monatelang sind die Mitglieder durchs ganze Land gezogen. In Stadthallen, Dorfschulen und Kirchen hatten sie die entsetzlichen Erlebnisse von Mord, Folter und Verfolgung erfahren. Die Köpfe in die Hände gestützt, hatten die Wahrheitssucher und Wahrheitssucherinnen – Rechtsanwälte, Geistliche und Pfarrer verschiedener Hautfarben – immer aufmerksam zugehört, manchmal auch zutiefst erschüttert. 7.700 Täter hatten freiwillig Amnestie beantragt. Ihnen wurde Straffreiheit zugesichert, wenn sie ihre Taten vollständig schilderten und wenn es sich um politisch motivierte und nicht bloß kriminelle Akte handelte. Den Handlangern des Regimes bot die TRC die Möglichkeit, ein für alle Mal der Strafverfolgung zu entgehen. Die Schergen der unteren Ebenen des Repressionsapparates bezeugten die systematische Verrohung und Entmenschlichung der Täter und ihrer Auftraggeber. Sie schilderten vor der Kommission die Maschinerie staatlichen Terrors. Opfer und Täter sollten die ganze Wahrheit vor der Kommission aufdecken, das erlittene und begangene Unrecht sollte ausgesprochen werden und dadurch seine zerstörerische Kraft verlieren. So sollte Hass überwunden und Versöhnung herbeigeführt werden.

Im Oktober 1997 hat die Kommission Apartheidpolitiker eingeladen. Es sind beschämend wenige, die um Amnestie nachgesucht haben. Ich sitze im Presseraum, als Adrian Vlok, im alten Regime Minister für Recht und Ordnung, angehört wird. Der Saal ist mit rund hundert Besuchern bis zum letzten Platz gefüllt. Vorne sitzen an einfachen Tischen die Kommissionsmitglieder, den Vorsitz hat Bischof Desmond Tutu. Als Vlok, der auf vielen Ministerposten jahrelang Menschenrechtsverletzungen mit verantwortet hat, seine platten Lügen, Ausflüchte und dreisten Verdrehungen ausbreitet, geht immer wieder ein leises Aufstöhnen durch die Menge. Vlok hat von all den Menschenrechtsverletzungen angeblich nichts gewusst; niemals hätten auf seinem Schreibtisch Berichte über Folterungen gelegen ... Selbst die Journalistinnen und Journalisten, die seit Monaten über die Kommission berichten, schütteln ungläubig die Köpfe und sind fassungslos. Manche Zuhörer haben Tränen in den Augen. Vlok leugnet jede Verantwortung für Folter, Mord und andere Verbrechen, die seine Untergebenen im Namen des Regimes begangen haben. Die kleinen Handlanger hätten die Oberen „missverstanden", gibt er zu Protokoll. Auch wenn diese vor der Kommission aussagten, dass ihre Befehlshaber sehr wohl Bescheid wussten und sich nicht selten nach getaner Tat mit Prämien und Medaillen bei ihren Exekuteuren bedankten. Eine wichtige Chance für Wahrheit und Versöhnung wird an diesem Tag vertan. Es ist schwer auszuhalten, dass einer der Schreibtischtäter die Kommission als Bühne benutzt, um durchsichtige Unwahrheiten zu verbreiten. Dennoch wird der Ex-Minister im Jahr 2000 amnestiert.

In einer Pause komme ich mit einigen Besuchern ins Gespräch. Ein Mann und zwei Frauen erklären mir, sie seien von der Khulumani Support Group, einer Selbstorganisation von Apartheidopfern. Khulumani bedeutet in der südafrikanischen Sprache Zulu „Sprich es aus". Wir suchen uns ein leeres Büro und sie geben mir ein Interview. Alle drei berichten von ihren großen Erwartungen an die Kommission und von ihrer großen Enttäuschung. „Man hat uns zwei Mal verraten", sagt Duma Khumalo, einer der Sharpeville Six. Er war einer der sechs Männer, die 1984 verhaftet und des Mordes am stellvertretenden Bürgermeister von Sharpeville angeklagt wurden. Tatsächlich hatten damals Menschen vor dessen Wohnhaus demonstriert und der schwarze Gemeindevorsteher war getötet worden, nachdem er selbst wahllos in die Menge geschossen hatte. Den Sharpeville Six aber konnte in keinem der folgenden Prozesse nachgewiesen werden, den Mord begangen zu haben. Dennoch wurde die Todesstrafe über alle verhängt, weil alle sechs angeblich ein „gemeinsames Ziel“ verfolgt hätten. Der Justizskandal schlug international Wellen. US-Präsident Ronald Reagan, die britische Premierministerin Margaret Thatcher, der UN-Sicherheitsrat und Papst Johannes Paul II. schickten Gnadengesuche an den südafrikanischen Staatspräsidenten P.W. Botha. Der aber wollte nicht in die „Unabhängigkeit“ der Gerichte eingreifen. Am 17. März 1988, 15 Stunden vor der Vollstreckung des Todesurteils, setzte ein Richter die Todesstrafe aus, weil der entscheidende Zeuge des Staatsanwalts vor der Gerichtsverhandlung gefoltert worden war und er falsch ausgesagt hatte. Duma Khumalo saß 1076 Tage in der Todeszelle; erst eine Viertelstunde vor dem Vollzug seiner Hinrichtung – die Henkersmahlzeit war ihm schon serviert worden – erfuhr er, dass er nicht gehängt werde. „Die Regierung hat viele Täter im Apparat mit hohen Abfindungen in die Frührente geschickt. Andere Täter werden amnestiert“, klagt der große Mann, der erst seit 1991 frei ist, „ich will nicht reich werden. Aber meine Kinder leiden immer noch unter meiner langen Haft. Mein Sohn Lucky ist verbittert, weil ich ihm keine Ausbildung finanzieren konnte. Er war fünf, als sie mich ins Gefängnis warfen.“

„Ich war am Anfang so begeistert, dass die Kommission uns helfen würde“, bestätigt Catherine Mlangeni, eine schwere, grauhaarige Frau mit leiser Stimme. Ja, es habe gut getan, sich bei den Anhörungen der Opfer den Schmerz von der Seele zu reden. Aber sie hatte auch gehofft, finanzielle Unterstützung zu erhalten. „Sie haben meinen Sohn 1991 mit einer Briefbombe vor unseren Augen umgebracht“, flüstert sie, „wie soll ich nun seine drei Kinder durchbringen? Ihre Ausbildung bezahlen?“ Die alte Frau ist verzweifelt: „Das soll kein Verbrechen gewesen sein?“ Die jüngere Frau nimmt die Gogo, die Großmutter, in den Arm. „Bheki Mlangeni war Menschenrechts-Anwalt“, erzählt sie, „er setzte sich für politische Gefangene ein. Die Bombe war in den Kopfhörern eines Walkman versteckt. Der steckte in einem an ihn adressierten Paket. Sein Kopf ist buchstäblich explodiert.“

Die Zeit steht still, der Schrecken und das Trauma erfüllen den ganzen Raum. Aber die jüngere Frau, Thandiwe Shezi spricht weiter, erzählt ihre Geschichte. Sie habe bei Khulumani gelernt, ihr Leid mit anderen zu teilen: „Die Aussprache kann bei der Heilung helfen.“ Das hat sie auch bei den Anhörungen der Kommission zu den besonderen Schicksalen von Frauen bezeugt. Am 8. September 1988 stürmte die Sicherheitspolizei Thandiwes Haus. Sie wurde verhaftet und wiederholt auf grausamste Weise gefoltert. „Können Sie sich eine Frau vorstellen, die ihre Menstruation hat und die man vier Tage ununterbrochen stehen lässt, bis das Blut an ihren Beinen getrocknet ist? Das haben sie getan, um meinen Willen zu brechen. Oder sie sagten, man habe mein Kind entführt und getötet.“

Die Folterer haben Thandiwe Shezi nackt an einen Baum gebunden, sie mit Butter eingerieben und Ameisen auf sie losgelassen; sie haben die junge Frau vergewaltigt und mit Elektroschocks gefoltert. Erschüttert frage ich mich, wer davon wusste und vor allem, welcher Nutznießer der Apartheid von diesen Gräueln hat wissen wollen. „Die Kommission ist zu nachsichtig mit den Tätern“, sagt Thandi mit fester Stimme, „wir lesen in der Zeitung davon, dass wieder jemand amnestiert worden ist. Uns haben sie gar nicht nach unserer Meinung gefragt. Wir waren also Opfer der Apartheid und nun sind wir noch einmal Opfer der Regenbogennation.“ Mit diesem Bild hatte Präsident Nelson Mandela die Harmonie zwischen den unterschiedlichen Bevölkerungsgruppen beschworen.

Vorsichtige Schätzungen ergeben, dass zwischen 1960 und 1993 über 80.000 Oppositionelle (davon 10.000 Frauen und 15.000 Kinder) bis zu drei Jahre ohne Gerichtsverfahren inhaftiert waren. Fast 3.000 Menschen wurden mit Bann belegt, 15.000 unter den verschiedenen „Sicherheitsgesetzen“ mit Gefängnis bestraft und 150.000 in „Verfahren zur Aufstandsbekämpfung“. Die Killer von Bheki Mlangeni erhielten Amnestie; auch einer der Schergen, die Thandi gequält haben, ging straffrei aus. Damit ist den Opfern der Weg versperrt, diese Täter vor Gericht zu stellen. Insgesamt hatten 7.700 Polizisten, Geheimdienstler und Mitglieder der diversen Spezialeinheiten eine Amnestie beantragt, davon wurden 1.200 stattgegeben.

Die Geschundenen merkten bald, dass allein eine Aussage vor

der TRC ihre seelischen Verletzungen nicht heilen konnte. 1995 trafen sich erstmals Apartheidopfer, um sich das Grauen von der Seele zu reden und „sich durch das Erzählen selbst wiederzufinden", wie es der südafrikanische Schriftsteller Njabulo Ndebele beschrieb. Die meisten der inzwischen 32.000 Mitglieder in den 30 lokalen Khulumanigruppen sind Frauen aus den ärmsten Schichten der Bevölkerung, Mütter, Ehefrauen, Schwestern und Schwägerinnen von jungen Männern, die die Handlanger des Regimes auf brutale Weise umgebracht haben; auch Frauen, die selbst Opfer weißer Männergewalt wurden. Zunächst unterstützte Khulumani Menschen, die vor der Wahrheitskommission aussagen wollten. Die Gruppen leisteten psychologische Betreuung und juristischen Beistand, um Entschädigungen bei der TRC einzufordern. Mittlerweile sind die Selbsthilfegruppen von Khulumani eine Instanz in Südafrika geworden. „Mit ihrem unabhängigen Beharren darauf, dass die vollständige Wahrheit über das Schicksal ihrer Angehörigen ans Tageslicht muss, bevor von Versöhnung überhaupt die Rede sein kann, legen sie die Grundlagen für eine Kultur der Menschenrechte", schreibt „medico international", eine deutsche Initiative, die Khulumani von Beginn an unterstützt hat.[1]

Im Oktober 1998 übergab die Wahrheitskommission ihren vorläufigen fünfbändigen Abschlußbericht an Präsident Nelson Mandela. Darin empfahl sie dem Präsidenten, ein Gremium einzurichten, das die Reparationen regeln und abwickeln sollte, sowie einen Fond zur Verwaltung der Gelder. 22.000 Opfer sollten sechs Jahre lang bis zu 23.023 Rand jährlich (etwa zwischen 5.640 bis 7.630 Mark) erhalten. Zwei Jahre lang fand die Regierung immer neue Ausflüchte, ihrer Verpflichtung nicht nachzukommen. Angeblich fehlten die Mittel für individuelle Entschädigungszahlungen. Aber Khulumani machte mit Diskussionen, Demonstrationen und Eingaben Druck auf die Regierung. Die TRC unterstützte die Opfer in ihren Forderungen. Im Februar 2001 schließlich verkündete der Finanzminister, dass 800 Millionen Rand (rund 200 Millionen Mark) in einem Fond beim Präsidenten für Reparationen vorgesehen seien. Am 21. März 2003, am Jahrestag des Sharpeville-Massakers von 1960, übergab der Vorsitzende Erzbischof Desmond Tutu die noch fehlenden beiden Bände des Abschlußberichtes der TRC dem jetzigen Präsidenten Thabo Mbeki; ein Band enthält die konkretisierten Empfehlungen für Entschädigung und Rehabilitation der Apartheidopfer.

„Die Nation schuldet den Opfern große Dankbarkeit", sagte Erzbischof Tutu, sie hätten zu lange auf ihre Wiedergutmachung warten müssen. „Wir haben als Nation eine rechtliche und vor allem eine moralische Verpflichtung dazu." Er werde dafür beten, dass die von der TRC vorgeschlagenen drei Milliarden Rand (rund 750 Millionen Mark) dafür aufgebracht würden, als vordringliche nationale Aufgabe.[2] Khulumani betonte einmal mehr, dass Wiedergutmachung ein integrierter Teil des nationalen Heilungsprozesses sei. Diesmal versprach Präsident Thabo Mbeki, die Empfehlungen der TRC so schnell wie möglich umzusetzen. Justizminister Penuell Maduna erklärte, bislang hätten 16.855 Opfer 50 Millionen Rand (rund 12 Millionen Mark) als Zwischenzahlungen erhalten. Mitte April 2003 schließlich verkündete der Präsident vor dem Parlament, dass die von der TRC benannten Opfer nach dem Willen der Regierung eine Einmalzahlung von 30.000 Rand (rund 6.800 Mark) als „Anerkennung für die leidvollen Erfahrungen" erhalten sollen, zusätzlich zu sozialen Programmen für Townships und anderen sozialen Hilfen.

Thabo Mbeki betonte aber auch, dass Millionen Südafrikaner die Mühe des Befreiungskampfes nicht nur „um monetärer Vorteile willen" auf sich genommen hätten und dass diese Menschen nicht als „Opfer" vor der Wahrheitskommission hätten erscheinen wollen. Die meisten politischen Aktivisten, Guerillakämpfer, politischen Gefangenen und hohen Politiker der Befreiungsbewegungen hätten ihre Erfahrungen von Menschenrechtsverletzungen nicht öffentlich zu Protokoll gegeben.[3] Auch der Benz-Gewerkschafter Mthutuzeli Tom gehört zu diesen Südafrikanern, die „für die Freiheit und nicht für Entschädigung" gekämpft haben, wie er sagt. Wie viele Gewerkschafter stand er der Versöhnungskommission skeptisch gegenüber. Und darum findet er es trotz der Kollaboration der Wirtschaft mit dem Regime schwierig, von den Kapitalisten Entschädigungen einzufordern. Da befindet er sich im Einklang mit seinem Dachverband. Bis heute haben sich die Gewerkschaften nicht entschließen können, der Kampagne für Entschuldung und Entschädigung beizutreten. Jetzt will jede Einzelgewerkschaft von COSATU getrennt darüber beraten.

Präsident Mbeki kann zumindest mit dem Stillhalten von COSATU rechnen, wenn er die Wirtschaft nicht gesondert – etwa durch eine Vermögenssteuer – für Reparationen heranziehen will. Seine vor dem Parlament vertretene Position: „Alle Südafrikaner“, auch die Konzerne, sollten freiwillig in den Fond einzahlen. Eine Vermögenssteuer aber hatte zu den Instrumenten gehört, die die TRC zur Finanzierung der Entschädigung vorgeschlagen hatte. Außerdem hatte sie eine einmalige Abgabe auf Unternehmensgewinne und private Einkommen sowie einen rückwirkenden Steuerzuschlag auf Unternehmensprofite vorgeschlagen. Die cleveren Geschäftsleute kamen den Politikern zuvor. Daimler-Chef Christoph Köpke hat auf den Business Trust hingewiesen, den 100 Unternehmen freiwillig aufgelegt hätten. Neville Gabriel von Jubilee South Africa hat dafür nur ein müdes Lächeln übrig: „Dieser Fond der Unternehmen umfasst gerade mal 800 Millionen Rand; das ist nicht viel. Und außerdem hat er nichts mit Reparationen zu tun.“ Mit diesem Geld würden Maßnahmen finanziert, die das Geschäftsklima verbesserten, zum Beispiel größere Sicherheit in Geschäftsbezirken. „Das ist ein Fond von der Wirtschaft für die Wirtschaft. Das haben sie selbst klargestellt.“

Es bleibt abzuwarten, ob die Parlamentarier, wenn sie den Abschlußbericht der TRC diskutieren, den Mut aufbringen, die Wirtschaft mit zur Kasse zu bitten und möglicherweise zu brüskieren. Die Wahrheitsfinder hatten in ihrem Bericht eindeutig festgestellt, dass sich die internationalen Unternehmen in Bezug auf Löhne und Gehälter, Diskriminierung auf dem Arbeitsmarkt, in Fragen der Sicherheit und der Anerkennung der Gewerkschaften „von ihren südafrikanischen Pendants kaum unterschieden.“[4]

Khulumani fordert, dass die Banken und Konzerne sich zu dem von ihnen begangenen Unrecht bekennen. Außerdem verlangt die Gruppe individuelle Entschädigungen für die 91 Klägerinnen und Kläger, für alle Khulumani-Mitglieder sowie kollektive Reparationen für besonders betroffene Gemeinschaften in Dörfern und Stadtteilen und für spezielle gesellschaftliche Gruppen. Seit April 2002 schaut die Selbstorganisation auch auf die internationale Dimension und fordert seitdem die Streichung der Apartheidschulden und der Schulden in den Nachbarstaaten, die das Regime durch seine Destabilisierungspolitik verursacht hat. Eine Forderung, die bis dato die Kampagne für Entschuldung vertreten hatte.

Verabscheuungswürdige Schulden

Neville Gabriel, der Sprecher der Kampagne für Entschuldung und Entschädigung, Jubilee South Africa, sitzt in einem klimatisierten Büro in der Visagie Straße in Südafrikas Hauptstadt Pretoria. In dieser Stadt versammelten sich jahrzehntelang konservative und rechtsextremistische Buren an den Denkmälern ihrer Vorväter und huldigten dem Trugbild vom weißen Südafrika. Im Khanya Haus hat die Katholische Bischofskonferenz ihren Sitz, die wie ihr protestantisches Pendant, der Südafrikanische Kirchenrat, den Kampf gegen die Apartheid viele Jahre aktiv unterstützt hat. In mehr als vier Jahren harter Arbeit ist es der Kampagne gelungen, verschiedene gesellschaftliche Kräfte zu gewinnen: neben den Protestanten, die 70 Prozent der gläubigen Südafrikaner ausmachen, auch den Dachverband der Nichtregierungsorganisationen, dem 4.000 Initiativen angeschlossen sind sowie Gewerkschafter und Einzelpersonen. Und seit 2002 auch Khulumani. Denn, so ihre gemeinsam entwickelte Argumentation, wenn die südafrikanische Regierung die Entschädigungen für die Apartheidopfer aus dem normalen Haushalt finanziert, fehlen diese Mittel für dringende soziale Aufgaben.

„Das bedeutet, dass die Opfer ein zweites Mal für ihre Unterdrückung zahlen würden. Das ist rechtlich und moralisch falsch", erklärt Neville Gabriel, „darum fordern wir nicht nur, Südafrika die jetzt noch bestehenden Auslandsschulden zu erlassen. Da die Regierung seit 1994 schon einen großen Teil der Schulden zurückgezahlt hat, fordern wir auch, dass die Gläubiger die bereits beglichenen Schulden erstatten. Außerdem verlangen wir eine Wiedergutmachung für die Profite aus Geschäften mit der Apartheid." Tatsächlich hat der Schuldenberg den Spielraum der ersten demokratisch gewählten Regierung stark eingeschränkt. „Wir haben seit 1994 ungefähr 20 Prozent unseres nationalen Budgets für den Schuldendienst bezahlt", erläutert Gabriel. Dieses Geld fehle an anderer Stelle. Die Menschen in den Townships warteten auf neue und bessere Häuser, auf Wasser- und Stromleitungen, auf Schulen,

Gesundheitsstationen und Aids-Medikamente. „Aber der Schuldendienst geht immer vor." Die Geldeintreiber hätten die Schuldnerländer fest im Griff. „Die Schuldner sind gezwungen, sogenannte ‚Letters of Intent' zu unterschreiben und geheime Abmachungen mit den Kreditgebern abzuschließen. Darin stellen die Gläubiger Bedingungen, bevor sie einer Umschuldung zustimmen."

Gabriel glaubt, dass auch der Wandel in der südafrikanischen Wirtschaftspolitik vom Umverteilungs- und Wiederaufbauprogramm zum neoliberalen Wachstumsprogramm, GEAR, dem Einfluss der Gläubigerländer zuzuschreiben ist. „GEAR ist nichts anderes als ein Strukturanpassungsprogramm für Südafrika. Wir in Afrika wissen, dass diese Programme vor allem dazu dienen, Schulden abzahlen zu können. Das bedeutet konkret, dass die Regierung öffentliche Mittel nicht in arbeitsintensive Bereiche investiert, sondern die Privatwirtschaft fördert. Sie hofft, das bringe automatisch Wachstum." Daher liege die Massenarbeitslosigkeit derzeit bei geschätzten 40 Prozent. Die Hälfte der Bevölkerung lebe unterhalb des Existenzminimums, über zehn Prozent hätten keinerlei Einkommen, zwei Millionen Familien hätten kein Dach über dem Kopf. Aber immer mehr Südafrikaner würden jetzt erkennen, so Gabriel, dass die Politiker die Armen nicht schlicht vergessen hätten, sondern dass konkrete politische Entscheidungen dafür verantwortlich seien. „So kann das Erbe der Apartheid nicht bewältigt werden."

Der gesamte öffentliche Sektor, Regierung und öffentliche Unternehmen (ohne die staatliche Reservebank), ist 1993 mit 50 Milliarden Rand (rund 26 Milliarden Mark) im In- und Ausland verschuldet. Die Auslandsschuld der Regierung macht davon nur fünf Prozent aus. Dieser Anteil ist im internationalen Vergleich eher klein. Aber die Schulden müssen in Devisen zurückgezahlt werden, und das zwingt die Regierung, entweder die Währungsreserven anzugreifen, neues Kapital zu hohen Zinsen zu importieren, extrem zu sparen oder durch den Goldexport Devisen zu verdienen. Die Exporte des Bodenschatzes Nummer eins aber sinken seit Mitte der 80er Jahre und treiben die Zahlungsbilanz ins Defizit. Das wiederum hat für die Wirtschaftskraft des Landes extrem negative Folgen: Südafrika verliert seine internationale Kreditwürdigkeit, ausländische Investitionen werden abgezogen, Inflation und die Arbeitslosigkeit steigen weiter.

Es war das Apartheidregime, das die Staatsfinanzen ruiniert und den Schuldenberg aufgehäuft hat. Darum beruft sich die Entschuldungskampagne auf eine 100 Jahre alte Doktrin im internationalen Recht, die der sogenannten Odious Debt, der sittenwidrigen oder verabscheuungswürdigen Schulden. „Illegitim sind Schulden", erklärt Neville Gabriel, „wenn eine illegitime Regierung Geld ausleiht und wenn sie diese Mittel gegen die Interessen ihrer Bevölkerung einsetzt. Wenn diese illegitime Regierung durch eine repräsentative, demokratische Regierung ersetzt wird, dann ist die neue Regierung nicht verpflichtet, diese Schuld zurückzuzahlen." Dies treffe ganz eindeutig auf Südafrika zu. „Wir sollten nicht verpflichtet sein, die Schulden des Apartheidstaates zurückzuzahlen."

Die vom NS-Regime verursachten, mit großer moralischer Schuld behafteten Schulden hätten die Gläubiger im Londoner Schuldenabkommen von 1953 großzügig gestrichen. Neville Gabriel hat Verständnis dafür, dass sich die südafrikanische Regierung offiziell von dieser Forderung distanziert. „Wir sind uns bewusst, dass die südafrikanische Regierung ihre Kreditwürdigkeit verlieren würde. Die Länder des Südens haben es sehr schwer, sich dem weltweit vorherrschenden Wirtschaftsmodell zu entziehen." Dennoch müsse die Zivilgesellschaft sich diesem Trend widersetzen und darauf drängen, dass ökonomische Entscheidungen, zum Beispiel über Darlehensaufnahme oder -rückzahlung, demokratisch gefasst werden. „Wir können den politischen Spielraum schaffen. Nur wenn Menschen vor Ort beginnen, so etwas zu fordern, haben wir überhaupt eine Chance, die Globalisierung menschenwürdig zu gestalten."

Drei Jahre lang haben Gabriels Unterstützer im deutschen Koordinierungskreis der Internationalen Kampagne für Entschuldung und Entschädigung im Südlichen Afrika den Dialog mit den deutschen Apartheidfinanziers gesucht. Sie haben vor den Hauptversammlungen der Unternehmen demonstriert, Reden gehalten und Briefe geschrieben. Aber die Vertreter von medico international, der Kirchlichen Arbeitsstelle Südliches Afrika, KASA, der Koordination Südliches Afrika, KOSA, und des Solidaritätsdienst-International, SODI, stießen auf taube Ohren. In Stellungnahmen betonte die Commerzbank, sie habe sich lediglich in der Export- und Importfinanzierung engagiert. Die Deutsche Bank vertrat den klassischen Standpunkt der Wirtschaft, sie habe sich an deutsches Recht und Gesetz gehalten. Die Dresdner Bank stellte im April 2002 eine interne Überprüfung ihrer Geschäftspolitik in Aussicht.

Das Licht einer öffentlichen Debatte und die Öffnung ihrer Firmenarchive aber scheuen die Helfer der Apartheid wie der Teufel das Weihwasser. Die Schweizerische Regierung setzte immerhin eine interministerielle Arbeitsgruppe zu den Beziehungen zwischen der Schweiz und Südafrika ein. Ihren Bericht haben Kritiker als in Teilen unvollständig kritisiert. Viele Abgeordnete des Schweizer Parlamentes, die Schweizer Bischofskonferenz und der Evangelische Kirchenbund haben an die Rechtskommission des Parlaments appelliert, eine unabhängige Expertenkommission einzusetzen, die das Verhältnis der Schweiz zum Unrechtssystem in Südafrika aufarbeiten sollte. Bislang vergeblich. Die Archive der Privatbanken bleiben der Öffentlichkeit verschlossen.

Noch abwehrender haben sich Regierung und Parlament in Deutschland bisher verhalten. Neville Gabriel erzählt, die Politiker hätten ihnen bedeutet, sie hätten wirklich nichts mit den Vorwürfen der Kollaboration zu tun, das müssten die Opfer schon direkt mit den betroffenen Unternehmen klären. Die wiederum hatten betont, sie hätten sich an die von der Politik gemachten Gesetze gehalten. Also blieb der Kampagne nur noch der Weg über das Strafrecht. „Wir hätten die Wiedergutmachung lieber auf einer internationalen Konferenz geregelt", sagt Neville Gabriel, „aber unglücklicherweise mussten wir die Unternehmen anklagen, damit sie uns ernst nehmen."

Globale Standards für die Menschenrechte

In Deutschland und der Schweiz sind Klagen wegen Menschenrechtsverletzungen gegen Multinationale Konzerne rechtlich nicht möglich, wohl aber in den USA. Der Alien Tort Claims Act erlaubt Ausländern, US-amerikanische oder internationale Konzerne zu verklagen, wenn sie eine Niederlassung in den USA haben und internationales Recht verletzt haben.

Im Juli 2001 reichte als erster der New Yorker Staranwalt Ed Fagan eine Sammelklage bei einem New Yorker Gericht ein. Fagan, dafür berühmt, dass er selber Opfer für seine publicityträchtigen Fälle rekrutiert, nahm keinen Kontakt mit Khulumani oder Jubilee South Africa auf. Er suchte Apartheidopfer per Zeitungsanzeige in Südafrika. Seine Klage gilt als schlecht recherchiert. Anders der Washingtoner Anwalt Michael Hausfeld, der unter anderem Sammelklagen von NS-Zwangsarbeitern vor amerikanischen Gerichten erfolgreich vertreten und eine als historisch geltende Rassismusklage gegen die Ölfirma Texaco gewonnen hat. Hausfeld arbeitet mit den südafrikanischen Organisationen der Kampagne zusammen, hat umfassend nachgeforscht und reichte Anfang November 2002 bei einem Gericht des Eastern District von New York City eine Klage gegen 22 internationale Konzerne ein. In dieser Klage beruft sich der renommierte Anwalt darauf, dass Apartheid – wie Sklaverei und Völkermord – eine Verletzung des Völkerrechts darstelle. Bereits die UN-Konvention über die Unterdrückung und Bestrafung des Apartheid-Verbrechens von 1973 hat Apartheid als Verbrechen gegen die Menschheit definiert. Konkret zählt die Konvention zu diesem Tatbestand unter anderem Mord, Folter, erniedrigende und unmenschliche Behandlung, schlechte Lebensbedingungen für eine Bevölkerungsgruppe mit dem Ziel physischer Vernichtung, die Ausbeutung der Arbeitskraft dieser Gruppe, Zwangsarbeit, getrennte Wohngebiete nach rassistischen Kriterien, das Verbot gemischter Heirat, Enteignung und die Verweigerung grundlegender Freiheitsrechte.

Der im Jahr 2002 installierte Internationale Strafgerichtshof hat erneut Apartheid als Verbrechen gegen die Menschheit in sein Statut aufgenommen und teilweise ergänzt, etwa um die Verbrechen der Zwangsumsiedlung, Versklavung und der sexuellen Gewalt. Apartheid wird also nach internationalem Recht für ein Verbrechen gehalten, das sich wiederholen kann. Hausfeld argumentiert weiter, dass Völkermord, etwa in den Homelands, und Zwangsarbeit schon für sich genommen zwingende Normen des Völkerrechtes verletzt haben. In der Klageschrift heißt es über die Mitverantwortung der internationalen Konzerne an diesen Verbrechen: „Historische Zeugnisse aus jüngster Zeit zeigen, dass die Teilhabe der Angeklagten, Unternehmen in den Schlüsselsektoren der Öl- und Rüstungsindustrie, der Banken, des Transports, der Technologie und des Bergbaus, dabei behilflich waren, die Missbräuche zu ermutigen und zu fördern. Das Verhalten der Angeklagten war so stark mit den Missständen verbunden, dass es ohne die integrale Teilhabe der ausländischen Wirtschaft Apartheid nicht in gleicher Weise gegeben hätte."

Anwalt Michael Hausfeld will die Unternehmen nach dem Rechtsprinzip der Secondary Liability haftbar machen, das schon während der Nürnberger Prozesse 1945 bis 1949 angewandt wurde. Das Militärgericht verurteilte seinerzeit auch den Chef der Reichsbank, Emil Puhl, sowie den Industriellen Friedrich Flick, weil sie bei den Naziverbrechen „geholfen, ihnen Vorschub geleistet oder auf andere Weise daran teilgenommen" haben. (Friedrich Flick zum Beispiel wurde für schuldig befunden, Zehntausende Ausländerinnen und Ausländer angefordert und eingesetzt zu haben, sich französische und sowjetische Betriebe angeeignet und ausgeraubt zu haben und schließlich die SS begünstigt und unterstützt zu haben. Flick erhielt allerdings nur sieben Jahre Gefängnis ab dem Zeitpunkt seiner Ergreifung.) Auch die internationalen Tribunale zu Ex-Jugoslawien und Ruanda beziehen sich auf dieses Prinzip der Mitverantwortung der Helfer und Helfershelfer für Verbrechen, die sie wider besseres Wissen begangen haben. Im Falle Südafrikas folgert Hausfeld, dass die ausländischen Unternehmen mit ihrer Unterstützung der wirtschaftlichen Schlüsselsektoren wie Bergbau, Transport, Rüstung, Technologie, Öl und Finanzen dem Regime nicht nur „behilflich" waren, sondern Teil des Systems waren.

Unter den Beschuldigten sind nicht nur acht Banken, darunter fünf deutsche, sondern auch IBM, dessen Computer bei der Herstellung der verhassten Passbücher halfen, mit denen Schwarze jahrelang kontrolliert und schikaniert wurden. Die Ölkonzerne Shell, Fina, Caltex und Exxon verstießen gegen das Ölembargo. Die halbstaatliche Atlantic Diesel Engines, ADE, so die Klageschrift, lieferte Dieselmotoren für Militärfahrzeuge wie die Transporter Samil und Samag, LKW und gepanzerte Polizei- und Armeefahrzeuge wie Casspir, Hippo, Buffel, Duiker und Blesbok. DaimlerChrysler werden unter anderem die Lieferungen von Unimogs vorgeworfen. Hausfeld klagt an, dass die Unimogs dem südafrikanischen Rüstungskonzern ARMSCOR als Ausgangsmodell für das Polizeifahrzeug Casspir, für den Truppentransporter, etwa dem Buffel oder

Die Anklageschrift,
die Rechtsanwalt Michael Hausfeld im November 2002 in New York City gegen Unterstützer des Apartheidregimes eingereicht hat, teilen die beklagten Firmen in Kategorien ein:

Internationale Ölfirmen,
die das Ölembargo unterlaufen haben:
British Petroleum P.L.C., United Kingdom
Caltex (Chevron Texaco Corp.), USA
Chevron Texaco Global Energy Inc., USA
ExxonMobil Corp.,USA
Fluor Corp., USA
Shell Oil Co., Niederlande
Total-Fina-Elf, Frankreich

Rüstungsfirmen,
die das Waffenembargo verletzt haben:
Rheinmetall, einschließlich Oerlikon Contraves Defence

Internationale Banken:
Barclays National Bank Ltd., United Kingdom
Citigroup Inc., USA
Commerzbank AG, Deutschland
Credit Suisse Group, Schweiz
Deutsche Bank AG, Deutschland
Dresdner Bank AG, Deutschland, (jetzt Allianz)
J.P. Morgan Chase (Chase Manhattan), USA
UBS AG, Schweiz

Unternehmen,
die den Sicherheitskräften Fahrzeuge zur Verfügung stellten:
Ford Motor Co., USA
DaimlerChrysler AG, Deutschland
General Motors Corp., USA

Firmen,
die strategisch wichtige Technologiekomponenten lieferten:
Fujitsu Ltd. (International Computers Ltd.), United Kingdom
International Business Machines Corp. (IBM), USA
AEG, Deutschland (DaimlerChrysler)

Bergbaufirmen,
die von Wanderarbeit profitierten
Rio Tinto (für Palabora Mining in Südafrika und Rössing Uranium in Namibia), Großbritannien

als Unterbau für den Raketenwerfer Valkiri dienten. Außerdem, so die Kläger, seien seinerzeit in großem Maßstab Militärlastwagen in den Johannesburger Benz-Werkstätten repariert worden.

Michael Hausfeld betritt auch im US-amerikanischen Recht Neuland, denn zum ersten Mal sollen Unternehmen wegen der Unterstützung der Apartheid vor Gericht zitiert werden. Die Mittäter in den Geschäftsetagen messen dem offenbar ebenso große Bedeutung bei wie die Justiz. Neville Gabriel erzählt, dass US-Emissäre die ANC-Regierung in Pretoria gewarnt haben, die Klagen zu unterstützen – bei Strafe ausbleibender Investitionen. Hausfelds südafrikanischer Partner, der junge Anwalt Charles Abrahams, berichtet, dass US-amerikanische Industrie- und Geschäftsverbände eine geheime Konferenz abgehalten hätten. Dort hätten sie beschlossen, auf Kongressabgeordnete einzuwirken, den Alien Tort Claims Act zu streichen. Der Ex-US-amerikanische Staatssekretär Stuart Eizenstat, der sich mit Menschenrechtsklagen beschäftigt, hatte den Konzernen geraten, eine politische Lösung zu suchen und sich als Vermittler für die Verhandlungen angeboten. Die mächtigen Global Players hatten eine bessere Idee: Sie wollen durch Lobbyarbeit die Gesetze abändern oder abschaffen, welche die Grundlage der Klage bilden. Die südafrikanische Regierung hat sich im April 2003 ausdrücklich von dem gerichtlichen Vorgehen gegen die Wirtschaftsunternehmen distanziert. Vor dem Parlament sagte Präsident Thabo Mbeki, er halte es für „völlig unakzeptabel, dass Angelegenheiten, die für die Zukunft unseres Landes sehr wichtig sind, von ausländischen Gerichten entschieden werden sollen“.

Die Hausfeld-Klage erhält jedoch Auftrieb durch eine ähnliche Anzeige in einem anderen Fall. Im September 2002 hat ein Berufungsgericht in Los Angeles eine Klage gegen den US-amerikanischen Ölgiganten Unocal wegen Zwangsarbeit in Myanmar, dem ehemaligen Burma, zugelassen, die in der ersten Instanz von einem Landgericht abgewiesen worden war. Flüchtlinge aus Myanmar haben den Konzern angeklagt, für Menschenrechtsverletzungen burmesischer Soldaten gegen die Zivilbevölkerung mitverantwortlich zu sein. Unocal hatte eine Erdgasleitung in Burma gebaut. Dabei, so die Kläger, habe das Militär Zwangsarbeiter eingesetzt. Die Begründung des Gerichtes für seine Zulassung lautet: Die Kläger müssten lediglich den Nachweis führen, dass Unocal den Machtmissbrauch der Militärs wissentlich unterstützt hat. Dies sei geschehen. Das Gericht befand weiter, dass Zwangsarbeit die moderne Form von Sklaverei ist. Außerdem hätten die Kläger nachgewiesen, dass Unocal den Militärs von Myanmar bei ihren Gräueln wie Mord und Vergewaltigung praktische Unterstützung zunächst angeboten habe und sich schließlich zum Helfer der Gewaltakte gemacht habe. Paul Hoffmann, einer der Rechtsanwälte der klagenden Flüchtlinge, hält den Bescheid des Berufungsgerichts für sehr wichtig. Er sei ein wichtiges Signal an transnational operierende Konzerne, die mit Diktaturen Geschäfte machten.

Tatsächlich haben die Täter in Nadelstreifen allen Grund zur Beunruhigung. Denn nach US-amerikanischem Recht wird es im Verlauf des Prozesses gegen die Helfershelfer des Apartheidregimes möglich sein, die Firmenarchive einzusehen. Dieser Druck, interne Geschäftsunterlagen offen zu legen, könnte die Konzerne dazu bringen, dem manifesten Skandal eine außergerichtliche Einigung vorzuziehen. Falls das Gericht die Klage zulässt und individuelle Entschädigungen verordnen sollte, kann es für die Angeklagten auch sehr kostspielig werden. Für die US-Anwälte sind die Klagen völkerrechtliche Testfälle; für die internationale Kampagne sind die Klagen ein Präzedenzfall zur Durchsetzung menschenrechtlicher Standards.

In einer Erklärung schreibt Khulumani im März 2003: „Bewegungen, die für die Entschädigung von Unrecht kämpfen, gewinnen auf der ganzen Welt an Bedeutung […] Sie reflektieren einen Wandel in den weltweiten Kräfteverhältnissen. […] Wir sind stolz, mit dieser internationalen Bewegung zusammenzuarbeiten, die die Fehler der Vergangenheit korrigieren will. […] Der Ruf nach internationalen Reparationen ist ein Ruf nach wirtschaftlicher Umverteilung, politischem Wandel und der Wiederherstellung von Gleichheit unter den Nationen. Es ist Zeit, unser Weltsystem zu verändern.“ Khulumani verlangt nicht weniger, als dass „Staaten und Unternehmen ihre Rolle bei der anhaltenden Ausbeutung in der ganzen Welt erkennen; öffentlich anerkennen, dass sie Nutzen aus der Plünderung natürlicher und menschlicher Ressourcen ziehen, und diesen Prozess der Ausbeutung, der zu Ungleichheiten und Ungleichgewichten in verschiedenen Regionen der Welt geführt hat, wiedergutmachen."

Neville Gabriel betont, man müsse über eine neue Ethik und neue Werte der Wirtschaft sprechen. „Wirtschaft und Politik sind nicht getrennt, sie legitimieren sich gegenseitig", sagt er. „In wirtschaftliche Systeme sind politische Mechanismen eingebaut, die die Profitchancen verbessern. Wir reden doch über das Leben von Menschen, über Leben und Tod und über Gerechtigkeit – über menschliche Beziehungen. Und Wirtschaft ist nichts anderes als menschliche Beziehungen gemessen in ökonomischen Kategorien."

Deutlicher noch kommentierte der Friedensnobelpreisträger und Vorsitzende der südafrikanischen Wahrheitskommission, Erzbischof Desmond Tutu, die Klagen in der südafrikanischen Presse. „Sie sagten: Geschäft ist Geschäft. Redet mit uns nicht über Moral. Sie hätten wohl auch Geschäfte mit dem Teufel gemacht. Alle Unternehmen, die mit dem Apartheidregime Geschäfte gemacht haben, müssen wissen, dass sie in der Schusslinie stehen. Sie müssen zahlen, sie können sich das leisten. Und sie sollten es mit Würde tun."[5]

Anmerkungen

Einleitung

1 Sen, Amartya: Ökonomie für den Menschen. Wege zu Gerechtigkeit und Solidarität in der Marktwirtschaft. München 1999

2 TRC Anhörungen 11.11.1997. S. truth.org.za/special/business

„Made in Germany“ – Der Markt in Südafrika

1 Afrika-Post, Heft 11, 1974, S. 450

2 Eiselen, Werner, W. Max: Das Regierungsprogramm der getrennten Entwicklung, in Optima, Vierteljahreszeitschrift der Anglo-American Corporation of South Africa. In: Freimut Duve, (Hrsg.): Kap ohne Hoffnung oder Die Politik der Apartheid. Reinbek bei Hamburg 1965

3 Jedem das Seine. Daimler-Benz in Südafrika. Eine Produktion der Berliner Compagnie. Berlin o.J., S. 40

4 Verheugen, Günter: Apartheid. Südafrika und die deutschen Interessen am Kap. Köln 1986, S. 16

5 dass., S. 9

6 Dienste in Übersee (Hrsg.): Wirtschaftsbeziehungen zu Südafrika. Südafrikanischer Kirchenrat und Evangelische Kirche in Deutschland zur Frage von Investitionen in Südafrika. Texte zum kirchlichen Entwicklungsdienst Nr. 18, Frankfurt 1978, Seite 60

7 Madörin, Mascha, Gottfried Wellmer, Martina Egli: Apartheidschulden. Der Anteil Deutschlands und der Schweiz. Stuttgart Februar 1999, S. 119

8 Afrika-Post, Heft 18, 1971, S. 156

9 Sampson, Anthony: Weißes Geld und schwarzer Widerstand. Apartheid und Big Business. Reinbek bei Hamburg 1987, S. 141

10 Stimme Afrikas, 5.11.1974

11 Rand Daily Mail, 17.7.1976

12 Rode, Reinhard: Die Südafrikapolitik der Bundesrepublik Deutschland 1968–1972. München 1975, S. 37

13 Sampson, Anthony, Weißes Geld und schwarzer Widerstand. Apartheid und Big Business. Reinbek bei Hamburg 1987, S. 95

14 Industriekurier, 19.2.1970

15 Industriekurier, 22.3.1966

16 Frankfurter Allgemeine Zeitung, 18.9.1984

17 De Villiers et al: Doing Business With South Africa. Johannesburg 1981, S.48

Schwarzer Widerstand und deutsches Geld

1 Geisler, Wolf, Gottfried Wellmer: DM-Investitionen in Südafrika. Informationsdienst Südliches Afrika, Wissenschaftliche Reihe, Bonn 1983, S. 8

2 Albrecht, Ulrich, U. Bujewski: Die rüstungswirtschaftlichen Beziehungen

zwischen der Bundesrepublik Deutschland und der Republik Südafrika. Berlin Juli 1979, veröffentlicht von epd 1980
3 Große Anfrage der Abgeordneten Schwenniger, Dr. Ehmke und der Fraktion Die Grünen am 29.7.1985 (Drucksache 10/3686)
4 Albright, David, Mark Hibbs: The ANC and the Atom Bomb. Bulletin of Atomic Scientists, Vol. 49, Nr. 3, April 1993
5 Siemens – Vom Dritten Reich zur Dritten Welt. Entwicklungspolitische Korrespondenz Drucksache 2, Hamburg 1983, S. 77
6 Wellmer, Gottfried: Siemens-Dossier, Seite 3
7 UN ECOSOC, 19 August 1985, Role of transnational Corporations in the military and nuclear sectors of South Africa and Namibia. Public Hearings E/C.10/AC, 4/1985/1.
8 Rode, Reinhard: Die Südafrikapolitik der Bundesrepublik Deutschland 1968–1972. München 1975, S. 315
9 Afrika-Post, Heft 4, 1980
10 Peter von Siemens, Vorwort in Rupert, Anton: Einheit in der Vielfalt. Südafrikas Verantwortung und Herausforderung – Visionen eines Unternehmers. Stuttgart 1982, S. 7f
11 Capital, September 1976, S. 172
12 Capital, Dezember 1976, S. 100
13 De Villiers et al: Doing Business With South Africa. Johannesburg 1981, S. 109
14 Frankfurter Allgemeine Zeitung, 17.5.1983
15 Die folgende Beschreibung stützt sich im wesentlichen auf: Coordination gegen BAYER-Gefahren e.V.: Chrom am Kap. Gift und Tod für BAYER-Arbeiter in Südafrika. Fallstudie über die systematische Zerstörung menschlicher Gesundheit. Düsseldorf 1993
16 Frankfurter Rundschau, 25.7.1977
17 Wellmer, Gottfried: Rheinmetall-Dossier
18 Afrika-Post, Heft 4, 1980, S. 339
19 Handelsblatt, 31.12.1979
20 Wellmer, Gottfried: Deutsche Bank-Dossier, S.1
21 Financial Mail, 27. Juni 1980
22 Wellmer, Gottfried: Daimler-Benz-Dossier, Seite 7

Motor der Apartheid: Noch einmal Daimler-Benz
1 Heidel, Klaus: Die Geschäfte von Daimler-Benz im Land der Apartheid. In: Das Daimler-Benz-Buch. Nördlingen 1988, S. 720
2 Jedem das Seine. Daimler-Benz in Südafrika. Eine Produktion der Berliner Compagnie. Berlin o. J., S. 14
3 Grässlin, Jürgen: Jürgen E. Schrempp. Der Herr der Sterne. München 1998, S. 77
4 Heidel, Klaus: Die Geschäfte von Daimler-Benz im Land der Apartheid. In: Das Daimler-Benz-Buch. Nördlingen 1988, S. 717
5 Grässlin, Jürgen: Jürgen E. Schrempp. Der Herr der Sterne. München 1998, S. 74
6 Pressekonferenz des Vorsitzenden der „Südliches Afrika Initiative“ der

Deutschen Wirtschaft, SAFRI, Jürgen E. Schrempp, Windhoek, 9.10. 1997
7 Grässlin, Jürgen: Jürgen E. Schrempp. Der Herr der Sterne. München 1998, S. 83
8 Verheugen, Günter: Apartheid. Südafrika und die deutschen Interessen am Kap. Köln 1986, S. 88
9 Frankfurter Allgemeine Zeitung, 26.8.1985
10 Kölner Stadtanzeiger, 15.11.1986
11 South Scan, 1987
12 Verheugen, Günter: Apartheid. Südafrika und die deutschen Interessen am Kap. Köln 1986, S. 92

Deutsche Helfer in der Not

1 Sampson, Anthony: Weißes Geld und schwarzer Widerstand. Apartheid und Big Business. Reinbek bei Hamburg 1987, S. 25
2 dass., S. 20
3 Verheugen, Günter: Apartheid. Südafrika und die deutschen Interessen am Kap. Köln 1986, S. 97
4 Die Deutsche Wirtschaft und Südafrika: Zur Notwendigkeit von Wirtschaftssanktionen. Schriftenreihe des Vereins Christen für Arbeit und Gerechtigkeit weltweit e.V., Heft 1, 1986, S. 115
5 ebenda.
6 Frankfurter Rundschau, 24.6.1980
7 Ortlieb, Heinz-Dietrich, Dietrich Lösch: Was wird aus Südafrika? Ein Subkontinent sucht den lenkbaren Wandel. Zürich 1985
8 Frankfurter Allgemeine Zeitung, 25.7.1985
9 Verheugen, Günter: Apartheid. Südafrika und die deutschen Interessen am Kap. Köln 1986, S. 250
10 Frankfurter Allgemeine Zeitung, 26.6.1986
11 Die Zeit, 18.7.1986
12 Mutambirwa, James: South Africa: The Sanctions Mission. Report of the Eminent Church Persons Group London 1989, S. 66
13 Guardian (UK), 15. Februar 1990, kopiert in Facts & Reports 1990, E 59
14 Facts & Reports, 1991, S. 56, S. 91
15 Facts & Reports, 1987, E 36
16 Rory Riordan (editor of Monitor, the Journal of Human Rights Trust): The politics of the eastern Cape. In: South Africa Foundation Review November 1990, Vol. 16, Nr. 11, S. 3
17 Madörin, Mascha, Gottfried Wellmer, Martina Egli: Apartheidschulden. Der Anteil Deutschlands und der Schweiz. Stuttgart Februar 1999, S. 20
18 Verheugen, Günter: Apartheid. Südafrika und die deutschen Interessen am Kap. Köln 1986, S. 131
19 Madörin, Mascha, Gottfried Wellmer, Martina Egli: Apartheidschulden. Der Anteil Deutschlands und der Schweiz. Stuttgart Februar 1999, S. 55.93

Kap der Kleinen Hoffnung

1 Frankfurter Allgemeine Zeitung, 24.3.1992

2 Afrika-Post, Sonderheft September 1994, S. 26f

3 German Data, London NW11, 6 ET: German Foreign Direct Investment from 2003 to 2005

Entschuldung und Entschädigung

1 medico Projektinformation zur Khulumani Support Group, Frankfurt o.J.

2 South African Press Agency, Sapa, 21.3.2003

3 Thabo Mbeki, Rede vor dem Parlament, Office of the Presidency 15.4.2003

4 Wahrheits- und Versöhnungskommission Südafrika: Das Schweigen gebrochen. Geschichte – Anhörungen – Perspektiven, Frankfurt 2000, S. 304

5 Sapa, 31. July 2002

Literaturverzeichnis

Offizielle Dokumente

Auswärtiges Amt, Referat Öffentlichkeitsarbeit, Abrüstung und Rüstungskontrolle. Dokumente zur Haltung der Bundesrepublik Deutschland. Bonn, August 1978.

Dienste in Übersee (Hrsg.): Wirtschaftsbeziehungen zu Südafrika. Südafrikanischer Kirchenrat und Evangelische Kirche in Deutschland zur Frage von Investitionen in Südafrika. Texte zum Kirchlichen Entwicklungsdienst 18, Frankfurt 1978.

Presse- und Informationsamt der Bundesregierung (Hrsg.): Zur Sache. Widerlegung der Vorwürfe einer angeblichen nuklearen und militärischen Zusammenarbeit der Bundesrepublik Deutschland und Südafrika. Bonn, 25.10.1978.

Programm zur Bekämpfung des Rassismus, Ökumenischer Rat der Kirchen (Hrsg.): Bankkredite für die Apartheid und der Ökumenische Rat der Kirchen. In: Dienste in Übersee, Texte zum Kirchlichen Entwicklungsdienst 15, Frankfurt 1978.

Republic of South Africa, The National Key Points Act Nr. 102 of 1980 as amended by Amendment Acts Nr. 44 of 1984 and Nr. 47 of 1985.

Truth and Reconciliation Commission (TRC) of South Africa, Report. 1998/2003

United Nations General Assembly, Special Committee Against Apartheid, The Development of South Africa's Nuclear Capability. Report of the Sub-Committee on the Implementation of United Nations Resolutions and Collaboration with South Africa. New York, 25 October 1983.

Nachschlagewerke

South Africa-German Chamber of Commerce & Industry Ltd., Hrs., South African Subsidiaries of German Companies. German Investment in South African Companies. South African Companies with German Proprietor. German Institutions in South Africa. 2nd Ed.: Oct. 1993

Zeitungsarchive, Zeitungen und Zeitschriften

Holland Committee on Southern Africa (Hrsg.): Facts and Reports. International Press Cuttings on Southern Africa. Amsterdam. Januar 1972 - Dezember 1995, 25 Bände.

Africa (UK); African Affairs; afrika süd. Zeitschrift zum Südlichen Afrika; Business Day (RSA); The Citizen (RSA); EPD Entwicklungspolitik; Facts (CH); Financial Times (UK); Financial Mail (RSA); Frankfurter Allgemeine Zeitung; Frankfurter Rundschau; The Guardian (UK); Handelsblatt; Militärpolitik Dokumentation, Heft 50-52 (1986): Durchrüstung in Südafrika. Bürgerkrieg und militärische Interventionspotentiale, Rand Daily Mail (RSA); SouthScan (UK); South African Defence Forces (SADF) journal „PARATUS"; Der Spiegel; Tell (CH).

Sekundärliteratur

Patricia Adams: Odious Debts. Loose Lending, Corruption, And the Third World's Environmental Legacy. Probe International. Earthscan, London, Toronto 1991.

African National Congress of South Africa, Nukleare Zusammenarbeit zwischen Bundesrepublik und Südafrika. Dokumentation. In: 3. Welt Magazin, Bonn, Juli-September 1975.

Albrecht, Ulrich, U. Bujewski: Die rüstungswirtschaftlichen Beziehungen zwischen der Bundesrepublik Deutschland und der Republik Südafrika. Freie Universität Berlin, Juli 1979.

Albright, David: South Africa's Secret Nuclear Weapons. Institute for Science and International Security. 1994.

Albright, David, Mark Hibbs: The ANC and the Atom Bomb. Bulletin of Atomic Scientists, Vol. 49, Nr. 3, 1993.

Anti-Apartheid Bewegung: Erwiderung. Antwort auf ein Dementi der Bundesregierung zur militärisch-nuklearen Zusammenarbeit Bundesrepublik Deutschland–Südafrika. Bonn 1979.

Anti-Apartheid Bewegung: Contribution to the International Seminar on the UN Arms Embargo against South Africa. London, 28.-30. Mai 1986.

Anti-Apartheid Bewegung: Mit Daimler fährt Apartheid gut. Zur Rüstungszusammenarbeit von Daimler-Benz mit dem Apartheidstaat. Bonn 1989.

Batchelor, P., J. Cock, P. McKenzie: Conversion in South Africa in the 1990s: Defense Downsizing and Human Development Challenges. Bonn 2000.

Borstelmann, Thomas: Apartheid's Reluctant Uncle. The United States and Southern Africa in the Early Cold War. New York, Oxford 1993.

Brzoska, Michael: Arming South Africa in the Shadow of the UN Arms Embargo. In: Defence Analysis (UK), Vol. 7, Nr. 1, 1991. S 21-38.

Bundeszentrale für politische Bildung: Menschenrechte. Dokumente und Deklarationen. Bonn 1999.

Cilliers, Jackie: Defence Research and Development in South Africa – The Role of the CSIR. In: African Security Review, Vol. 5, Nr. 5, 1996.

Corporate Data Exchange, Inc.: Bank Loans to South Africa, 1972-1978. In: UN Centre Against Apartheid, Notes and Documents, May 1979.

Clark, Dick, Chairman of the Subcommittee on African Affairs: U.S. Corpo-

rate Interests in Africa. Report to the Committee on Foreign Relations. United States Senate. Washington 1978.
Cock, Jacklyn, Laurie Nathan: War and society. The Militarisation of South Africa. Johannesburg 1989.
Coordination gegen BAYER-Gefahren e.V.: Chrom am Kap. Gift und Tod für BAYER-Arbeiter in Südafrika. Fallstudie über die systematische Zerstörung menschlicher Gesundheit. Düsseldorf 1993.
Eiselen, Werner, W. Max: Das Regierungsprogramm der getrennten Entwicklung. In: Freimut Duve (Hrsg.): Kap ohne Hoffnung oder Die Politik der Apartheid. Reinbek bei Hamburg 1965.
Entwicklungspolitische Korrespondenz (Hrsg.): Siemens. Vom Dritten Reich zur Dritten Welt. Hamburg 1983.
Fine, Ben, Zavareh Rustomjee: The Political Economy of South Africa. From Minerals-Energy Complex to Industrialisation. London 1996.
Flynn, Laurie: Studded with Diamonds and Paved with Gold: Miners, Mining Companies and Human Rights in Southern Africa. Bloomsbury 1992.
Forschungs- und Aktionsberatungsgruppe des Vereins Christen für Arbeit und Gerechtigkeit weltweit (Hrsg.): Die deutsche Wirtschaft und Südafrika. Zur Notwendigkeit von Wirtschaftssanktionen. Heidelberg 1986.
Geisler, Wolf, Gottfried Wellmer: DM-Investitionen in Südafrika. Informationsstelle Südliches Afrika, Wissenschaftliche Reihe Nr. 10, Bonn 1983.
Grässlin, Jürgen: Jürgen E. Schrempp. Der Herr der Sterne. München 1998.
Hamburger Stiftung für Sozialgeschichte des 20. Jahrhunderts (Hrsg.): Das Daimler Benz Buch. Ein Rüstungskonzern im „Tausendjährigen Reich“ und danach. Nördlingen 1988.
Heidel, Klaus: Kein guter Stern für die Schwarzen: Die Geschäfte von Daimler Benz in Südafrika. Schriften des Vereins Christen für Arbeit und Gerechtigkeit weltweit e.V.. Heidelberg 1987.
Hengeveld, R., Rodenburg, J. (Ed.): Embargo. Apartheid's Oil Secrets Revealed. Shipping Research Bureau. Amsterdam University Press 1995.
International Labour Resource and Information Group (ILRIG), (Hrsg.): The Production of Chrome Chemicals. The Effects on Health, Safety and the Environment, o.O. 2000.
Jaenecke, Heinrich: Die weißen Herren. 300 Jahre Krieg und Gewalt in Südafrika. Hamburg 1989.
Kittner, Michael, Marita Körner-Dammann, Albert Schunk: Arbeit unter dem Apartheid-Regime. Praktische Probleme und rechtliche Rahmenbedingungen der Arbeitsbeziehungen in Südafrika. Köln 1988.
Klein, Beate: Bank Loans to South Africa, 1979-Mid-1982. In: UN Centre Against Apartheid, Notes and Documents. Special Issue October 1982.
Knight, Richard: Unified List of United States Companies Doing Business in South Africa. The Africa Fund, New York 1990.
Krämer, Reinhard, Der U-Boot-Skandal. Zwischenbilanz eines schmutzigen Geschäftes mit Südafrika. Herausgegeben von der Fraktion Die Grünen im Bundestag. 133 Seiten Text mit nachfolgender Dokumentation.
Kritische Aktionäre (Hrsg.): Macht ohne Kontrolle. Bericht über die Geschäfte der Deutschen Bank. Stuttgart 1990.

Kritische Aktionäre (Hrsg.): Atomschmiede Siemens. Hintergründe. Köln 1994.

Signe, Landgren: Embargo Disimplemented. South Africa's Military Industry. Stockholm International Peace Research Institute. Oxford University Press, 1989.

Laurence, Patrick: Death Squads. Apartheid's Secret Weapon. Penguin Forum Series. London, Johannesburg 1990.

Lohrscheid, Helmut: Hubschrauber für Südafrikas Polizei. Ein Lehrstück bundesdeutscher Afrikapolitik. In: Informationsdienst Südliches Afrika Nr. 6, 1985, S 18-19.

Madörin, Mascha: Goldgier. Aktion Finanzplatz Schweiz–Dritte Welt. Bern 1989.

Madörin, Mascha, Gottfried Wellmer, Martina Egli: Apartheidschulden. Der Anteil Deutschlands und der Schweiz. Stuttgart, Februar 1999.

Militz, Eva: Bank Loans to South Africa from mid-1982 to December 1984. In: UN Centre Against Apartheid, Notes and Documents 12/85, October 1985.

Mokoena (Ed.): South Africa: The Making of U.S. Policy, 1962-1989. Reproduces 2.500 microfiche documents totalling more than 12.000 pages recording U.S. policy towards South Africa. National Security Archive, Washington 1991.

NARMIC / American Friends Service Committee: Automating Apartheid – U.S.Computer Exports to South Africa and the Arms Embargo. Philadelphia 1982.

Nattrass, Nicoli: Profits and Wages. The South African Economic Challenge. Penguin Forum Series. London, Johannesburg 1992.

Padayachee, Vishnu: Private International Banks. The Debt Crisis and the Apartheid State, 1982-1985. In: African Affairs, July 1988, S. 361-376.

Philip, Kate: The private sector and the security establishment. In: Jacklyn Cock, Laurie Nathan: War and Society. The militarisation of South Africa. Cape Town, Johannesburg 1989.

Robertson, Geoffrey: Crimes Against Humanity. The Struggle for Global Justice. Penguin Books 2000.

Rode, Reinhard: Die Südafrikapolitik der Bundesrepublik Deutschland 1968-1972. München 1975.

Sampson, Anthony: Weißes Geld und schwarzer Widerstand. Apartheid und Big Business. Reinbek bei Hamburg 1987.

Seekings, Jeremy: The UDF. A History of the United Democratic Front in South Africa 1983-1991. Kapstadt 2000.

Sen, Amartya: Ökonomie für den Menschen. Wege zu Gerechtigkeit und Solidarität in der Marktwirtschaft. München 1999.

Saul, John S., Stephen Gelb: The Crisis in South Africa. Class Defense, Class Revolution. Monthly Review Press, New York and London 1981.

Schmidt, Siegmar: Die Rolle der Schwarzen Gewerkschaften im Demokratisierungsprozess Südafrikas. Institut für Afrika-Kunde, Hamburg 1992.

South African-German Chamber of Trade and Industry Ltd. (Ed.): Report 5/79, Johannesburg 1979.

Terreblanche, S.J.: The Truth About Business and Social Injustice. TRC Fin-

dings. Ecumenical Service for Socio-Economic Transformation. Johannesburg 2000.
UN ECOSOC, 19 August 1985, Role of transnational Corporations in the military and nuclear sectors of South Africa and Namibia. Public Hearings E/C.10/AC, 4/1985/1.
Umsetzung der restriktiven Maßnahmen der EG gegenüber Republik Südafrika in der Bundesrepublik Deutschland. Antwort der Bundesregierung auf eine Kleine Anfrage der Abgeordneten Frau Eid und der Fraktion Die Grünen. Drucksache 11/5076, Oktober 1989.
Verheugen, Günter: Apartheid. Südafrika und die deutschen Interessen am Kap. Köln 1986.
Wahrheits- und Versöhnungskommission Südafrika: Das Schweigen gebrochen. Geschichte – Anhörungen – Perspektiven. Frankfurt 2000.
Walters, W. Ronald: U.S. Policy and Nuclear Proliferation in South Africa. In: Western Massachusetts Association of Concerned African Scholars (Ed.): U.S. Military Involvement in Southern Africa. Boston 1978, S. 182-183.
Weyermann, Barbara: Die Financiers der weißen Herren. Eine Untersuchung zum Südafrika-Engagement der Schweizer Banken 1985-88. Aktion Finanzplatz Schweiz–Dritte Welt. Bern 1988.
Wellmer, Gottfried: Finanzierung der Apartheid durch deutsche Banken. Foreign Loans to Public Sector Institutions of South Africa 1950-1980. Eine Dokumentation. EPD Entwicklungspolitik Materialien I/2003, Frankfurt 2003.
Wellmer, Gottfried: Dossiers für die Entschädigungsklage von US-Anwalt Michael Hausfeld: DaimlerChrysler, Deutsche Bank, Dresdner Bank, Commerzbank, Rheinmetall, Siemens. Unveröff., s. auch Anklageschrift der Kanzlei Cohen, Milstein, Hausfeld & Toll im internet: www.cmht.com

Glossar

AAB: Anti-Apartheid-Bewegung, 1974 gegründet. Die rund 1.000 Mitglieder organisierten Kampagnen gegen Waffenlieferungen, für die Freilassung Nelson Mandelas sowie zusammen mit anderen Organisationen Boykotte von Banken, Früchteimporten aus Südafrika sowie den Sport- und Kulturboykott. Die Lokalgruppen prangerten mit Lobbyarbeit und Demonstrationen die Kollaboration zwischen der BRD und Südafrika an. Die AAB unterstützte den ANC und die namibische Befreiungsorganisation SWAPO. Im Sommer 2001 ging AAB in der Koordination Südliches Afrika, KOSA, auf. KOSA umfasst ein Dutzend verschiedener Gruppen, die zu einzelnen Ländern und zur Region des südlichen Afrika politische Aufklärungs- und Solidaritätsarbeit leisten. KOSA ist Teil der internationalen Entschädigungs- und Entschuldungskampagne.

ADE: Atlantis Diesel Engines, halbstaatliche südafrikanische Firma. Daimler-Benz vergab 1978 eine Lizenz für Dieselmotoren an ADE und beteiligte sich wenig später mit rund 12 Prozent an der Firma. Das Monopol ADE fertigte Daimler-Motoren für schwere und schwerste Nutzfahrzeuge. ADE war durch Schutzzölle von ausländischer Konkurrenz abgeschirmt und wurde auf vielfältige Weise von der südafrikanischen Regierung subventioniert. Mit ADE eroberte Daimler-Benz den südafrikanischen Markt.

ANC: African National Congress, 1912 gegründete Bewegung, die zunächst mit friedlichen Mitteln gegen die Apartheid demonstrierte. Erst Mitte der 40er Jahre wurden militantere Stimmen in der u.a. von Nelson Mandela gegründeten ANC-Jugendliga laut. 1955 verabschiedeten 3.000 Delegierte die noch heute gültige liberale Freiheits-Charta. Der ANC war von 1960–1990 in Südafrika verboten; zahlreiche Anführer saßen jahrzehntelang im Gefängnis. Der ANC operierte aus dem Exil und organisierte seit 1964 auch den bewaffneten Kampf gegen die Apartheidregierung. Bei den Parlamentswahlen 1994 und 1999 wurde der ANC stärkste Partei. 1997 übernahm der jetzige Staatspräsident Thabo Mbeki den Parteivorsitz.

Apartheid: Seit 1948 politisch-gesellschaftliche Doktrin der regierenden weißen, überwiegend burischen Nationalen Partei. Menschen verschiedener Hautfarben sollten sich in allen Lebensbereichen „getrennt entwickeln", räumlich, sozial, wirtschaftlich und politisch. Ab 1950 sah sich jeder Südafrikaner gesetzlich einer bestimmten Rasse (schwarz, asiatisch, farbig, weiß) zugeordnet. Hunderte von Gesetzen separierten Weiße und Schwarze in allen Lebensbereichen und degradierten die Afrikaner zu landlosen, marginalisierten, schlecht ausgebildeten, stets verfolgten und gedemütigten Menschen, die die Weißen lediglich als billige Arbeitskräfte und Dienstboten in ihrer Nähe duldeten. Der Rassismus der Apartheid wurde nahezu auf der ganzen Welt angefochten. 1990/91 wurden unter Präsident Frederik Willem de Klerk alle Apartheidgesetze aufgehoben. Am 27. April 1994 fanden die ersten demokratischen Wahlen in Südafrika statt.

ARMSCOR: Armaments Development and Production Corporation, strategisch wichtiges Unternehmen und staatliches Zentrum der Rüstungsindustrie. ARMSCOR sollte Südafrika von ausländischen Waffenlieferungen unabhängig machen und stellte – unter Verwendung der Patente ausländischer Firmen – Waffen und Munition für die südafrikanischen Streitkräfte her, lieferte Ersatzteile, Wartung und andere Dienstleistungen. Die Zahl der Zulieferer aus der Privatwirtschaft schwankte zwischen 975 und 3.000 Firmen. Vor allem die Elektro- und Elektronik-Industrie Südafrikas verdankte ihre Existenz den Aufträgen der Militärs.

BCM: Black Consciousness Movement, Bewegung des Schwarzen Bewusstseins, Bezeichnung für verschiedene Organisationen, die sich der Idee des BCM verpflichtet fühlten. Der bekannteste BCM-Führer, Steve Biko, starb im September 1977 unter Folter im Gefängnis. Im Oktober 1977 wurde BCM verboten.

COSATU: Congress of South African Trade Unions, gegründet 1985. COSATU vertrat bei der Gründung 600.000 Mitglieder und arbeitete nach vier Prinzipien: nicht-rassistisch, von den Arbeitern kontrolliert, nach Branchen organisiert und – anders als die Gewerkschaften der späten 70er Jahre – aktiv in gesellschaftlicher Opposition zur Apartheid. COSATU steht dem ANC nahe und war neben der UDF die treibende Kraft im Widerstand der 80er

Jahre. Heute sind 19 Gewerkschaften mit 1,8 Millionen Mitgliedern in COSATU organisiert.

CWIU: Chemical Workers Industrial Union, Gewerkschaft der Chemiearbeiter, gegründet Anfang der 70er Jahre in Folge von Arbeitskämpfen in der Provinz Natal und der Aufstände von SOWETO 1976; damals rund 48.000 Mitglieder; später Mitgliedsgewerkschaft in COSATU.

ESCOM: Electricity Supply Commission, strategisch wichtiges Unternehmen, war die größte der staatlichen Gesellschaften und versorgte das Land exklusiv mit Elektrizität, zu 90 Prozent in Kohlekraftwerken, ab 1978 auch im ersten Atomkraftwerk in Koeberg. Der Löwenanteil der Energie ging an den Kohle- und Goldbergbau – die mit Abstand wichtigsten Devisenbringer des Apartheidregimes.

GEAR: Growth, Employment and Redistribution-Programme, Strategie für Wachstum, Beschäftigung und Umverteilung. Neoliberales Wirtschaftsprogramm, das 1996 das Umverteilungs- und Wiederaufbauprogramm RDP ablöste. Während RDP staatliche Mittel – finanziert etwa durch Luxussteuern – vorsah, die die Ungleichheiten der Apartheid beseitigen und Grundbedürfnisse befriedigen sollte, verfolgt GEAR eine makroökonomische Sparpolitik, Produktionswachstum für den Export, Liberalisierung des Handels, Privatisierungen und eine Flexibilisierung des Arbeitsmarktes. Die erhofften Erfolge sind bisher ausgeblieben.

Homelands: dienten der großräumlichen Trennung zwischen Schwarz und Weiß. Die Landgesetze von 1913 und 1936 erklärten rund 14 Prozent der Fläche Südafrikas zu Reservaten für die schwarze Bevölkerungsmehrheit. Rund vier Millionen Menschen wurden von ihrem Land vertrieben und in die Homelands zwangsumgesiedelt. Man nahm ihnen die letzten Rechte im „weißen" Gebiet und etliche wurden ab Mitte der 70er Jahre in vier „unabhängige" Homelands ausgebürgert. De facto waren die über ganz Südafrika verstreuten Landflecken unterentwickelte, überbevölkerte, unfruchtbare Gebiete – die Arbeitskräftereservoirs für die weißen Industrien. Die „Regierungen" der Homelands waren wirtschaftlich vollständig abhängig von der weißen Zentralregierung.

HOSAEA: Hoechst South Africa Employees Association. Unternehmensspezifische Gewerkschaft oder Werkverein, anfangs nur für Weiße zugänglich. In der Apartheidzeit gab es für weiße Arbeiter sogenannte „gelbe" Gewerkschaften, die grundsätzlich auf Kampfmaßnahmen verzichteten und meist von den Unternehmern gefördert wurden.

IDC: Industrial Development Corporation, strategisch wichtiges Unternehmen, mit staatlichem Startkapital gegründet. IDC hielt Aktien an Privatunternehmen und erwirtschaftete so seine Gewinne. Ihre Aufgabe war der systematische und zielstrebige Auf- und Ausbau strategisch wichtiger Industriezweige wie Stahl, Energie, Transport und Rüstung. Die IDC förderte potentielle Investoren mit Beratung, Kontakten und Krediten. Im Laufe der Zeit wuchs diese Lenkungszentrale zum eigenständigen Mischkonzern mit Beteiligungen an vielen verschiedenen Schlüsselindustrien.

IFP: Inkatha Freedom Party (seit 1990), zunächst ab 1975 „Inkatha National Cultural Liberation Movement", eine Art regionale, hierarchisch geführte, ethnisch-nationalistische Einheitspartei des schwarzen Führers Mangosutho Gatsha Buthelezi im Homeland Kwa Zulu. Rivalisierte mit dem ANC und wurde wegen seiner „gemäßigten" Position (gegen Sanktionen, für freie Marktwirtschaft) vom Westen unterstützt. Inkatha wurde in der Übergangszeit zwischen 1990 und 1994 gezielt von den Sicherheitskräften mit Waffen versorgt und trug so zu den bürgerkriegsähnlichen Unruhen dieser Periode bei. Nach 1994 erhielt Buthelezi verschiedene Ministerposten in der neuen Regierung.

NMS: National Security Management System, Teil der „Totalen Strategie" von Staatspräsident P.W. Botha, die neben Reformen und regionaler Vormachtstellung verschärfte Repression umfasste. Das NMS war ein Spitzel- und Informanten-Netz von über 400 regionalen und lokalen Ablegern und diente als Frühwarnsystem gegen die schwarze Opposition. Sämtliche Sicherheitskräfte und gesellschaftlichen Kräfte waren darin eingebunden: die Armee, die Lokal-, die Sicherheits-, die Aufstandsbekämpfungs- und die Gemeindepolizei, die Wirtschaftsverbände, Unternehmen und staatlichen Verwaltungsstrukturen.

NUMSA: National Union of Metal Workers of South Africa, gegründet 1987 aus dem Zusammenschluss von sieben Gewerkschaften. In NUMSA hatten sich erstmalig alle in Südafrika vertretenen Volksgruppen in einer einzigen, nicht-rassischen Gewerkschaft vereinigt. NUMSA ist Mitglied im Dachverband COSATU. In seinen Gründungsresolutionen bezog sich NUMSA auf die Freedom Charta des ANC, sprach sich aus für „demokratischen Sozialismus", die Führungsrolle der Arbeiterschaft und ein politisches Programm der Arbeiterklasse.

Odious Debt: „Verabscheuungswürdige" oder „Verhasste" Schulden. Die Doktrin der odious debt entwickelte sich nach dem spanisch-amerikanischen Krieg um die Unabhängigkeit Kubas Ende des 19. Jahrhunderts. Die Amerikaner weigerten sich, die Schulden des vormals spanischen Kolonialregimes zurückzuzahlen mit dem Argument, deren Last sei »den Menschen von Kuba ohne deren Einverständnis und durch Waffengewalt auferlegt" worden. Außerdem seien viele Darlehen dazu bestimmt gewesen, Angriffe der kubanischen Bevölkerung niederzuwerfen. Alexander Nahum Sack, ein ehemaliger Minister des zaristischen Russlands und später Professor des Rechts in Paris, gab der Doktrin in den 20er Jahren eine rechtliche Form. Falls eine despotische Macht Schulden nicht für die Bedürfnisse und im Interesse des Staates, sondern zur Stärkung seines despotischen Regimes und zur Unterdrückung der dieses Regime bekämpfenden Bevölkerung usw. macht, so sind diese Schulden der Bevölkerung des ganzen Staates verhasst. Die Gläubiger haben hinsichtlich der Menschen einen feindseligen Akt begangen; von daher können sie nicht erwarten, dass eine Bevölkerung, die von einer despotischen Macht befreit wurde, die »verabscheuungswürdigen« Schulden übernimmt. Heute berufen sich außer in Südafrika auch Gruppen in Indonesien, Nigeria und Argentinien auf diese Doktrin.

SAAWU: South African Allied Workers Union, gegründet 1978, war eine Gewerkschaft für Arbeiter verschiedener Industriezweige und hatte Anfang der 80er Jahre 20.000 Mitglieder. SAAWU verstand sich als politische Bewegung, war sehr militant und ließ sich nicht wie andere schwarze Gewerkschaften in der zweiten Hälfte der 70er Jahre „registrieren“ (und dann vom Staat kontrollieren). 1985 wurde SAAWU Mitglied in COSATU und ging 1987 gemäß dem Prinzip einer Gewerkschaft pro Industriezweig in der NEHAWU (für den Gesundheits- und Bildungssektor) auf.

SAMES: South African Micro Electronic Systems. Strategisch wichtiges Unternehmen. Die IDC hielt zusammen mit Siemens die Mehrheit der Aktien. SAMES' Mikrochips waren klassische Dual-Use-Güter, gleichermaßen wertvoll für die Post wie für die Streitkräfte.

SASOL: S.A. Coal and Gas Corporation, strategisch wichtiges Unternehmen in Sasolburg, Orange Free State; industrielle Gewinnung von flüssigen Kraftstoffen aus Kohle. 1983 verfügte Südafrika mit drei Werken über die weltgrößte Fabrikation zur Verflüssigung von Kohle in Benzin, Flüssiggas und Chemikalien.

Townships: nach dem „Group Areas Act“ von 1950 mussten Schwarze, die eine Arbeit nachweisen konnten, in speziellen Wohngebieten leben. Häuser durften sie erst mieten oder kaufen, wenn sie zehn Jahre lang für denselben Arbeitgeber geschuftet hatten. Dann durfte auch die Familie nachziehen. Allerdings ohne Garantie; jeder Bewohner konnte jederzeit auch wieder in sein Homeland abgeschoben werden. Townships waren ursprünglich als gigantische Arbeitslager angelegt. Die Menschen lebten in winzigen Matchbox-Häusern und hatten keinen Strom und kein warmes Wasser; die Infrastruktur war miserabel. Die Townships waren so angelegt, dass Polizei und Armee sie gut überwachen konnten.

UDF: United Democratic Front; 1983 Zusammenschluss von über 600 Organisationen – Gewerkschaften, Wehrdienstgegner, Kirchen, Sportler, Studenten und Bürgerkomitees in den Townships. Die UDF trug in den 80er Jahren die Hauptlast des Kampfes gegen die Apartheid. Die Dachorganisation war eine Reaktion auf die sogenannte Verfassungsreform P.W. Bothas. Er hatte 1983 ein Dreikammersystem eingeführt. Damit versuchte die weiße Minderheit, Inder und Farbige durch das Zugeständnis eigener Kammern im Parlament zu kooptieren.

Inhalt